역사로 보는 커뮤니케이션의 미래

미디어와
대화하라

역사로 보는 커뮤니케이션의 미래

미디어와
대화하라

임상훈 지음

HOW TO
TALK WITH THE MEDIA

지식공감

이 책을 읽는 방법

읽는 순서

처음부터 읽되 흥미를 끌어올리고 싶으면 5장을 먼저 보기 바란다.
이 책은 프롤로그부터 시작하여 에필로그까지 촘촘하게 짜여있다. 다만 책의 내용을 보다 쉽게 이해하기 위해 피부로 와 닿는 이야기들을 먼저 접하고 싶다면 5장을 우선 읽어보길 권한다. 5장은 현재 인터넷이 우리나라 현대 사회에서 어떻게 작동하고 있는지 알기 쉽게 기술했다. 따라서 이 부분을 먼저 읽으면 책을 읽어나가는 데 동기를 부여하고, 이해를 도울 수 있다.

QR코드 활용

QR코드를 같이 보면 재미있는 독서가 가능해진다.
이 책이 갖고 있는 중요한 특징 중 하나는 책의 곳곳에 QR코드가 들어가 있다는 것이다. QR코드에 담긴 내용은 음악이나 이미지, 동영상 등 멀티미디어 자료를 포함하고 있거나 특정 용어에 대한 자세한 설명을 담고 있다. 따라서 스마트폰을 옆에 두고 적절하게 QR코드를 스캔해 가면서 책을 읽는다면 글자에 얽매이지 않는 입체적인 독서를 할 수 있다.

Contents

프롤로그 미디어'와' 대화하는 시대가 오다   10

1장 인터넷은 미디어다

- 19 삶을 움직이는 소리 없는 지휘자, 인터넷
- 28 이제는 인터넷 '유저User' 수준이어서는 안 된다
- 35 미디어로서 인터넷에 주목하자

2장 세상을 좌지우지 하는 미디어의 능력

- 45 미디어는 '능력자'다
- 49 미디어를 완벽하게 통제할 수 있었다면 프랑켄슈타인의 비극은 없었다
- 56 새로운 미디어 앞에서 잘난 척 하지 마라
- 61 미디어, 네 녀석이 죄인이다
- 65 연애편지는 연필로 써야 하는 이유

3장 미디어가 말하는 방법

- 73 미디어는 인간을 한 쪽만 바라보게 한다
- 80 미디어가 연주하는 편향의 3중주를 듣다
- 90 인터넷이 지휘봉을 들다

4장 인간과 미디어 사이 커뮤니케이션의 역사

- 103 역사가 곧 최선의 단서다
- 107 눈짓에 더해진 손짓발짓의 시대
- 112 너와 나를 바꿔놓은 말(言)의 시대
- 119 모든 것을 바꿔놓은 글(文)의 시대

5장 커뮤니케이션의 역사를 뒤집는 인터넷의 힘

- 133 인터넷의 소통 방법은 획기적이다
- 136 이메일이 손편지의 종말을 고하다
- 143 블로그·카페가 모임의 방법을 바꾸다
- 155 미니홈피로 친구 사이에 파도를 타다
- 166 마이크로블로그^{SNS}는 말하는 대로 쓴다
- 182 사물인터넷^{IoT}은 말하지 않아도 안다
- 191 인터넷이 만드는 커뮤니케이션의 데칼코마니

6장 인터넷 때문에 생긴 커뮤니케이션의 위기

- 199 모두가 함께 참여하는 미디어 세상을 열다
- 208 권위는 무너지고, 신뢰성은 증발되다

7장 커뮤니케이션의 위기를 돌파하는 오기(傲氣)의 대화법

- 217 오기(傲氣)는 오기(五技)로 부려라
- 228 일기(一技): 건강한 시각으로 보기
- 235 이기(二技): 탁월하게 말하기
- 241 삼기(三技): 이미지로 통하기
- 249 사기(四技): 이야기로 만들기
- 257 오기(五技): 선하게 선별하기

에필로그 인터넷의 약자 *i*가 소문자에서 대문자로 바뀌다 266

QR code

32	QR01	[NAVER 지식백과] Basic 고교생을 위한 국어 용어사전: 미디어리터러시
37	QR02	[유튜브] 정보화 시대 그늘 '모바일 정보격차'
45	QR03	[유튜브] ICT컨버전스가 변화시킬 놀라운 미래
46	QR04	[NAVER 블로그] 마샬 맥루한의 미디어에 대한 정의
49	QR05	[나무위키] 프랑켄슈타인
53	QR06	[위키백과] 성무일도(시간전례)
54	QR07	[NAVER 블로그] 근대산업과 시계의 관계
65	QR08	[유튜브] 전영록 – 사랑은 연필로 쓰세요
67	QR09	[NAVER 블로그] 사랑은 연필로 써야 한다고?
76	QR10	[유튜브] Boracay Trip	Philippines 2015
78	QR11	[유튜브] Gutenberg, l'inventeur de l'imprimerie
80	QR12	[유튜브] 브람스 피아노 3중주 1번 4악장 – 정경화, 정명화, 정명훈
86	QR13	[유튜브] Iraqi air defense responds to American cruise missiles in 1993
89	QR14	[유튜브] SDF2011 The Shallows – The Mind in the Net_Nicholas CARR
94	QR15	[위키백과] 하이퍼링크
110	QR16	[WEB] Wild Horse
113	QR17	[유튜브] 아기들의 옹알이 대화 자막버전
119	QR18	[유튜브] 어린이 한국전래동화 견우와 직녀
122	QR19	[유튜브] 교황방한특집다큐 일어나 비추어라 1부
145	QR20	[유튜브] 네이버 카페광고, 전지현
153	QR21	[위키백과] HTML
153	QR22	[NAVER 포스트] 누구나 쉽고 예쁘게 글을 쓸 수 있는 SmartEditor 3.0을 오픈했습니다!

164 QR23 [유튜브] 그때 그 광고 핑클의 삐삐 012, 015

172 QR24 [위키백과] 위치 기반 서비스

173 QR25 [위키백과] 아바타

183 QR26 [유튜브] 사물인터넷이란 무엇인가?

183 QR27 [위키백과] 임베디드 시스템

188 QR28 [유튜브] Introducing Google Now

190 QR29 [기사] 애플, 위치정보 수집 공식 부인… 청문회 출석 예정

193 QR30 [NAVER 지식백과] 데칼코마니: 르네 마그리트

201 QR31 [NAVER 지식백과] 원소스 멀티유스

203 QR32 [NAVER 지식백과] 옴부즈맨 제도

219 QR33 [WEB] 멜론 뮤직 최신앨범

228 QR34 [위키백과] 프레이밍

241 QR35 [NAVER 지식백과] 알타미라 동굴과 스페인 북부의 구석기 시대 동굴 예술

프롤로그

미디어'와' 대화하는 시대가 오다

역사를 통해 미래를 볼 수 있다

인간이라면 누구나 경험하지 못한 내일을 궁금해 한다. 단 1초 후 벌어질 일조차 알 수 없는 연약한 존재이기에, 많은 경쟁자들 사이에서 한 발자국이라도 더 앞서야 하는 치열한 생존게임을 하고 있기에, 미래를 예측하고자 하는 노력은 오랜 시간 동안 다양한 방법을 통해 이어져 왔다. 때론 '미래예측'이라는 것이 인간의 능력을 벗어난 영역이라는 생각에 점(占)을 치거나 무속신앙에 기대보려 하기도 한다. 그러나 그런 방법으로는 단연코 미래를 예측할 수 없다. 그것이 가능했다면 우리의 오늘이 이렇게 좌충우돌, 역동성이 넘쳐나지 않았을 것이다.

내일 어떤 일이 벌어질 것인가 예측하는 가장 합리적인 방법은 어제의 상황을 되짚어 보는 것이다. 지나간 역사적 사건들을 분석하여 미래에 대한 작은 힌트들을 찾을 수 있다. 물론 과거의 사건들이 동일하게 반복되진 않는다. 시간의 흐름 속에 기술은 고도화되고 그 위에 문화가 덧입혀지며 '새롭게' 반복되는 것이다. 따라서 역사라는 거대한 흐름 속에 인간이 어떻게 생존해왔는지 살펴봄으로써 앞으로 벌어질 일들과 그에 부합하는 대응 방법들을 추론해 나갈 수 있다. 이를 위해서는 역사의 사건들을 면밀하게 '관찰'하고, 그것이 오늘에 미친 영향에 대해 꼼꼼하게 '성찰'하며, 더 나아가 내일의 일들에 대해 냉정하게 '통찰'함으로써 우리가 알고 싶은 것들을 찾아내게 된다. 이러한 모습은 커뮤니케이션 영역에서도 동일하게 적용된다. 커뮤니케이션의 미래 역시 이러한 역사적 관점 하에서 흐름의 방향과 깊이를 예측해 볼 수 있는 것이다.

급격하게 발전하는 미디어, 이제는 미디어 자체가 아니라 환경에 주목해야 한다

현대사회는 급격한 커뮤니케이션 기술 변화의 장(場)이다. 디지털화된 메시지들이 정보란 이름으로 사회 전체를 관통하면서 이전과는 사뭇 다른 새로운 형태의 소통이 이루어지고 있다. 각종 미디어들은 과학기술과 컴퓨팅 능력을 기반으로 놀라운 기능들을 담아내었고, 이를 사용하는 인간의 삶을 격렬하게 뒤흔들고 있다. 더 큰 문제는 미디어의 발전속도 자체가 상상을 초월할 정도로 빠르게 전개되고 있다는 점이다. 10여 년 전까지만 해도 '올드Old' 미디어와 '뉴New' 미디어를 어떻게 구분할 것인지, '뉴'라는 수식어가 붙는 미디어의 특성은 어떤 것인지 정의하는 데 그리 어렵지 않았다. 그러나 지금은 쉴 새 없이 새로운 미디어들이 쏟아져 나오고 있고, 그 성격 역시 어느 하나의 카테고리로 정리할 수 없을 만큼 얽히고설켜 있다. 과연 이러한 미디어들의 성격을 10년 전, 20년 전 만들어진 잣대로 '올드'와 '뉴'를 나눌 수 있을지, 아니라면 어떻게 정리해나가야 할 것인지 명쾌한 결론을 내기 어렵다. 이러한 상황 속에 인간의 커뮤니케이션도 다양한 행태를 띠게 됨은 물론이다.

인간이 미디어를 어떻게 활용하느냐의 문제는 단지 인간-미디어 간의 통제된 상황으로 볼 수 없다. 인간을 둘러싸고 있는 전체적인 환경의 차원에서, 미디어 역시 커뮤니케이션에 주체적으로 참여하는 관계요인으로 보고 그 사이에서 각자의 역할과 기능들을 관찰해야만 한다. 특히 기기적 의미에서 미디어를 바라보는 관점에 앞서 미디어가 활용하는 소통의 문법을 살펴볼 필요가 있다. 인간 커뮤니케이션의 중심축이 언어에 있다고 했을 때, 인간이 활용하는 미디어들도 언어의 표현규칙을 지지하는 형태여야만 한다. 따라서 각각의 미디어들이 어떠한 언어적 특성을 갖고 있는지 봄으로써 커뮤니케이션의 근원적 부분을 확인할 수 있다. 더 나아가 이러한 특성으로 인해 미디어가 인간의 사고에 미치는 편향적 요소까지 유추해 볼 수 있는 것이다. 이 책은 이러한 언어적 관점의 커뮤니케이션에 따라 미디어의 특성 및 인간의 미디어 활용 행태를 바라본다. 말하기와 쓰기, 그리고 그것이 혼합된 그리기와 찍기 등 다양한 커뮤니케이션들을 다루게 될 것이다. 이 과정에서 인터넷을 커뮤니케이션에 영향을 미치는 가장 중요한 요인으로 보고, 인터넷으로 인해 변해가는 인간의 소통 양상들을 집중적으로 관찰한다.

인터넷의 영향력, 귀찮아도 따져 보자

인터넷은 더 이상 말이 필요 없는 현대 미디어의 총아이자, 인간의 삶 전반적 영역에서 큰 영향을 미치는 존재다. 실제적으로 활용되기 시작한지 20년 정도밖에 되지 않지만 인터넷이 없는 세상이란 상상할 수 없을 정도로 우리 삶 속에 완벽하게 녹아 들어 있다. 너무 익숙하고 자연스러워서 인터넷이라는 존재가 잘 느껴지지 않는 것이 인터넷이 가진 엄청난 존재감의 역설적 표현인 것이다.

인터넷이 이렇게 깊숙하게 침투해 있다 보니 인터넷이 인간에게 미치는 영향에 대해서는 둔감해져 있다. 인간의 지각 속에 약간의 이질감과 부담감이 느껴져야 그것이 자신에게 어떠한 영향을 미치는지 추적할 수 있는데, 서로가 혼연일체(渾然一體)로 엮여있다 보니 각각의 요인들이 가진 영향력을 제대로 파악할 수 없는 것이다. 인식하지 못한다는 것은 한편으로는 동화되어 간다는 것을 의미한다. 인터넷이 제시하는 방법과 제한점 아래 인간의 삶은 점점 묶여가고 있으며, 무언가를 하기 위한 방법으로 인터넷만 머릿속에 뱅글뱅글 돌리게 된다. '인터넷은 당연히 존재하는 것'이며, '인터넷을 사용하는 것이 가장 효율적인 방법'이라는 고착화된 생각 속에 인간의 커뮤니케이션 방법은 뻔해지고 있다.

인터넷의 영향력을 따지려 하면 새로운 벽에 부딪히게 된다. 많은 사람들은 그것을 별로 '따지고 싶어하지' 않는 것이다. 무엇이든 그 존재가 당연해지는 순간, 사람들의 관심은 그것에서 멀어진다. 더 나아가 그것이 왜 필요하고, 무엇에 쓰는지 묻는 것에 대해 냉담한 반응을 보이게 된다. 해묵은 이야기, 구태의연한 주제를 갖고 논쟁하려 든다고 핀잔을 주기도 한다. 이미 삶에 일부인 것을, 더 이상의 이야기는 하고 싶지 않다는 식이 되는 것이다. 하지만 우리는 반드시 당연해진 것들과 마주할 필요가 있다. 커뮤니케이션의 일부이자, 거의 전부에 가까워지고 있는 인터넷이 우리 삶에 어떤 일들을 벌이고 있는지 주목해야 하며, 그 안에서 벌어지는 커뮤니케이션 변화의 양상을 제대로 파악해야 한다. 더 나아가 이러한 변화된 커뮤니케이션 환경 속에서 우리에게 필요한 능력은 무엇인지 살펴보고 그것을 습득할 수 있는 방안에 대해서도 고민해봐야 한다. 그것이야 말로 인터넷이 인간의 삶 더욱 깊은 곳으로 가라앉는 사물인터넷IoT 시대를 살아가는데 필요한 기본 능력이 되어 줄 것이다.

이 책은 인터넷 커뮤니케이션 환경에 대한 체험적 이야기를 담았다

이 책은 인터넷이 커뮤니케이션 환경에 미치는 전반적 영역에 대해 몸소 경험하고 부딪히며 고민했던 내용들을 정리하였다. 미디어, 미디어로서 인터넷, 인간, 그리고 그들 간의 커뮤니케이션. 이 시대의 커뮤니케이션 환경을 구성하는 요인들 간의 생태학적인 관계에 기반하여 오늘의 상황들을 읽어보고, 내일을 그려보고자 했다. 부족함이 있을 수 있지만 적지 않은 시간 동안 관찰하고 경험했던 것들을 바탕으로 내용을 구성하고 가능한 한 쉽게 풀어 쓰고자 노력했다. 미디어에 대한 환경적, 생태학적 접근이 어색한 사람들에게도 어렵지 않은 입문서가 될 것이라 믿는다. 이 책을 통해 커뮤니케이션에 대한 언어적 관점으로 인터넷이 만들어내는 미디어생태계Media Ecology를 어떻게 바라볼 수 있고, 그 안에서 행복하게 살아갈 수 있는 방법은 무엇인지 작은 단초라도 얻을 수 있기를 희망한다.

익숙한 교정으로 돌아온 지도 벌써 1년하고도 6개월이 훌쩍 지났다. 코끝을 매만지는 계절의 내음을 타고 상념에 잠길 때면 창 밖 너머 교정을 바라보곤 했다. 철과 때에 따라 모습을 달리하는 꽃과 나무들, 그 사이를 누비는 후배들의 모습을 보면서 나의 어제와 오늘을 돌아보곤 했다. 내일을 기대하기 위해 지금 무엇을 해야 하며, 또 어떻게 하루를 살아내야 할 것인지 켜켜이 고민을 이어갔다. 이 책은 그러한 고민과 삶의 상처 속에서 태어난 첫 번째 결과물이자 내가 세상을 보는 창(窓)이다. 끝으로 그동안 관심과 격려로 지지해주신 특별한 분들과, 나보다 더 나를 사랑하시는 하나님께 감사 드린다.

죽은 것처럼 보이지만, 새로운 생명을 품고 있는 겨울
미디어생태학자 **임상훈**

1장

인터넷은 미디어다

삶을 움직이는 소리 없는 지휘자, 인터넷

미디어가 세상을 바꾼다

사소한 물건이 세상을 바꾼 경우는 다양하다. 아무렇지 않게 책상 위를 굴러다니다 버려지는 종이컵 한 개, 볼펜 한 자루도 그 쓰임과 역할에 대해 정리해 보면 그 가치는 상상 이상으로 크다. 다만 너무나 익숙하기 때문에, 그것이 없는 삶에 대해 생각해 본 적이 없기 때문에 둔감하고 무감각할 뿐이다. 볼펜 한 자루도 그 영향력에 대해 거론하는 상황에서 미디어[1]의 역할은 말이 필요 없는 수준이다. 특히 인터넷은 우리의 삶에 깊숙이 들어와 있으며, 그 존재가 느껴지지 않을 정도로 완벽하게 일체화되어 있다. 몇 가지 일화를 예로 들어보자.

---

1 이 책에서는 미디어(Media)와 기술(Technology)이라는 개념을 구분하지 않고 사용한다. 또한 통상적으로 미디어라고 할 때 빈번하게 등장하는 매스 미디어(Mass Media), 혹은 매스 커뮤니케이션(Mass Communication)만으로 미디어의 개념과 역할을 한정하지 않는다. 미디어를 인간이 특정한 목적을 갖고 기술을 적용한 다양한 사물을 지칭하는 표현으로 정의한다. 이는 2장에서 더 자세히 다룬다.

1990년 어느 봄날의 토요일 오후, 종각역 앞. P군은 초조하게 시계를 들여다보며 서성이고 있다. 그녀와 만나기로 한 약속시간은 이미 두 시간이 넘게 지났다. 하지만 그녀는 아직 나타날 줄 모른다. 오지 않겠구나, 포기하고 돌아갈까 몇 번을 고민했지만 늦더라도 그녀가 이 자리에 찾아오면 어쩌나 하는 생각에 쉽사리 자리를 떠나지 못하고 있다. 기약 없는 기다림, 얼마나 더 기다려야 할까. 아니 혹시 지난 번 만남이 그녀와의 마지막이었던 것일까. 긴 한숨에 하늘만 쳐다본다. 남의 속도 모르고 태양은 서쪽으로 한 발자국 더 멀어져 간다.

만나기로 했던 여자를 기다리는 한 남자의 모습이다. 두 사람은 아마도 몇 시에 어디에서 보자고 약속을 했던 것 같은데, 여자는 그 장소에 제 시간에 나타나지 않은 것 같다. 시간은 야금야금 흐르고 남자는 어찌 해야 할 바를 모르고 안절부절못한다. 이 일화를 들여다 보면 우리의 삶에서 약속과 관련된 통념과 행동양식들이 다소 변했다는 것을 깨달을 수 있다. 사실 요즘은 약속 장소라는 것도, 약속 시간이라는 개념도 모호해졌다. "○○쪽에서 만나." 혹은 "○시쯤 만나." 언제부터인가 약속과 관련된 모든 것은 정확한 무엇인가가 아닌 언저리로 변해 있다. 심지어 만나기 며칠 전에 한 약속이라면 진짜로 그 만남이 실행될지 당일 다시 한번 확인을 하는 것이 현명한 처사다. 왜냐하면 약속을 하고 날짜가 지나가는 사이에 상대방의 일정에 어떠한 변수가 생겼을지도 모르기 때문이다. 심지어 약속시간 20~30분을 앞두고도 정해진 내용에 변동사항이 발생할 가능성이 있는 것이 요즘 시대의 약속이다. 위의 일화에서처럼 나타나지 않는 그녀를 목 빠지게 기다리다가 망부석이 될 뻔했다는 순정남의 연애담은 이제 국사책 안으로나 들어가야 할 이야기가 되어 버렸다. 만약 비슷한 상황이 발생한다면 요즘 사람들은 어떻게 대응할까? 아마 먼저 휴대폰으로 전화를 해 볼 것이다. 신호가 가는데 받지 않는다면 카카오톡이나 라인과 같은 모바일 메신저로 연락을 시도할 것이다. 메시지 내용 끝에 달리는 '1'이란 숫자를 지켜보다가, '1'이 사라졌음에도 여전히 답이 없다면 더 이상 그녀와의 만남은 어려울 것이라고 판단할 수 있다. 더 이상 길거리에서 오지 않는 사람을 기다리며 넋 나간 사람처럼 서 있을 일은 없다. 다른 일화도 한번 더 살펴보자.

〈모바일메신저의 3대 서비스, 카카오톡-왓츠앱-라인〉
출처: http://play.google.com/app

1992년 어느 겨울날, H대학교 앞. 잠시 후 5시면 대학입시 원서접수가 마감된다. 막판까지 고민하다가 결국 H대학교에 원서를 넣기로 결심한 수험생 K군. 지하철을 타고 부리나케 학교로 뛰어왔지만 마감까지 남은 시간이 빠듯하다. 행여나 제 시간에 맞춰 접수처에 도착하지 못하면 어쩌나 하는 생각을 잠시 해보았지만 이내 고개를 가로 저었다. 생각도 하기 싫은, 생각해서도 안 되는 낭패 상황이다. 정신을 차리고 다시 발걸음을 재촉한다. 산바람이 얼굴을 차갑게 때리지만 머뭇거릴 새가 없다. 지금은 그저 뛰는 수밖에…. 앞으로 남은 몇 분에 인생이 좌지우지될 수도 있기 때문이다.

요즘처럼 수능을 보기 이전부터 수없이 많은 유형의 입학전형이 존재하는 상황에서 이해하기 좀 어려운 상황이다. 눈치지원 하느라고 시간을 끌다가 원서조차 내보지 못할 상황이 되었다는 수험생의 한탄이 담긴 이야기이다. 요즘 중고등학생들에게야 '눈치지원'이란 것이 무슨 뜻인지도 잘 모를 이야기지만 저런 일화가 회자되던 당시에는 꽤나 절박한 상황이다. 예전에는 대학에 지원하기 위해서는 입시원서를 작성해서 해당 대학에 직접 들고 가야 했다. 특히 지금처럼 여러 군데 학교에 지원할 수 있는 상황이 아니라 단 한 학교에만 원서를 넣을 수 있던 때에는 원서 마감시점까지 최대한 기다리다가 가장 경쟁률이 낮은 학교에 원서를 넣던 것을 바로 눈치작전이라 불렀다. 소위 커트라인에 비해 점수가 부족하다고 할지라도 미달이 되는 학과에 지원을 잘 하면 붙을 수도 있는 것이고, 미달이 되지 않더라도 최대한 경쟁률이 낮은 학교로 지원해서 최선의 결과를 기대할 수 있도록 하는 전략이었다. 따라서 온 가족이 지원해 볼 만하다고 생각한 학교의 원서를 한 장씩 들고 각자 흩어져 있다가 막판에 헐레벌떡 원서를 넣었던 것이다. 휴대폰도 없던 시절에 어떻게 그게 가능했을지 지금 생각해 보면 미스터리에 가깝다. 하지만 이제 그럴 일은 없다. 물론 다양한 전형을 통해 대학에 지원할 수 있도록 입시제도가 변한 탓도 있지만, 원서를 쓰기 위해 직접 대학에 찾아갈 일이 없기 때문이다. 원서를 쓰는 데 필요한 것은 이제 인터넷과 컴퓨터, 그리고 전형료를 결제할 수 있는 한 장의 신용카드 정도다. 원서를 접수한다는 개념과 풍경이 완전히 달라졌다.

이는 대학입시뿐 만이 아니다. 취업 분야도 마찬가지다. 예전에는 신중하게 가고 싶은 회사를 고르고 골라, 그 회사에서 요구하는 서류들을 만들어서 직접 찾아가 접수하곤 했다. 이런 식으로 접수를 해야 했기에 10장 이상의 입사원서를 작성한다는 것은 물리적으로 어려움이 있었다. 하지만 요즘은 어떠한가. 각종 방송이나 신문지 상에서 취업준비생들의 인터뷰 내용을 읽다 보면 100통이 넘는 입사원서를 썼다는 사람을 만나는 것도 그리 어렵지 않다. 만약 일일이 원서를 작성해서 방문해야 하든지, 혹은 우편으로 접수를 해야 하는 상황이었다면 이런 엄청난 횟수의 지원은 불가능했을 것이다. 물리적 한계는 물론 경제적 부담까지 가해질 수 있기 때문이다. 또 다른 일화를 한 가지만 더 살펴보자.

2002년 어느 여름 날, 가정방문 컴퓨터강사인 L씨는 한 중년의 여자분으로부터 전화를 받았다.

여자 여보세요. 컴퓨터 선생님이시죠? 제가 컴퓨터를 좀 배우고 싶어서요.
L씨 아, 네. 어떤 내용을 배우고 싶으신가요?
여자 네. 인터넷으로 기차표랑 극장 예매하는 것 같은 방법이요.
L씨 네네, 알겠습니다. 그럼 댁이 어디신가요?

정해진 교육과정이 없이 학습자의 요구대로 컴퓨터를 가르치는 강사 L씨는 이런 부류의 강의 요청 전화를 종종 받는다. 이것도 컴퓨터를 가르치는 것이긴 하지만, 과연 이 사람이 한 달이나 제대로 컴퓨터를 배우려 할지 의문스럽다. 큰 소득 없이 시간만 빼앗겨 버리는 것은 아닐지 걱정이다. 그래도 이 정도면 양반이다. 얼마 전 한 학부모는 자기 딸의 대학원서접수를 대행해달라는 요청을 했다. 아니 내가 컴퓨터 강사지 심부름센터 직원인가? 돈을 준다고는 하지만 가야 할지 말아야 할지 고민되는 상황이었다.

그리 먼 옛날 이야기도 아니다. 어쩌면 연세가 좀 있는 어른들의 경우 아직도 인터넷과 컴퓨터를 구분하지 않고 생각하는 분들이 있을 수 있다. 컴퓨터를 잘 쓰는 것이 곧 인터넷을 잘 하는 것이라는 생각, 잘 한다는 것이 어떤 것인지 경계가 모호한 이야기만 오가던 시절이 있었다. '컴퓨터를 잘 쓰고 싶어요.'란 말 안에 인터넷을 활용하여 무언가를 해 보고 싶다는 의미도 내포되어 있고, '인터넷을 잘 하고 싶어요.'에 기본적으로 컴퓨터를 잘 활용할 수 있어야 한다는 전제가 포함되기도 했다. 인터넷에 빨리 노출된 10~30대의 젊은 세대들은 인터넷으로 인한 사회적 충격이 큰 무리가 없었지만 기성세대들은 좀 달랐다. 인터넷이 등장한 이후 시간이 지날수록 인터넷으로 할 수 있는 것들이 계속해서 늘고 있었지만, 기존의 방법들을 고수하는 것이 편했다. 사실 인터넷을 모른다고 해서 삶이 딱히 불편한 것도 아니었다. 예를 들면 영화를 예매하는 데 굳이 인터넷으로 해야 할 필요가 없었으며, 기차표를 예매하는 것도 인터넷이 아니어도 얼마든지 가능했다. 영화관에 좀 일찍 가면 해결될 문제였고, 기차역에 가서 사면 그만인 일이었던 것이다. 그저 인터넷으로 할 수 있다면 조금 더 편하지 않을까 생각하는 정도였다.

하지만 사회가 점점 인터넷 기반으로 변해간다는 조짐이 느껴지면서 기성세대들도 불안감을 느끼기 시작했다. 이제는 인터넷을 쓸 줄 알아야 하지 않을까? 이런 생각에서 인터넷이 삶의 도구가 아닌 배움의 대상으로 전환되는 사례들이 나타나기 시작한 것이다. 따라서 컴퓨터 강사가 돈을 받고 인터넷 활용법을 가르치는 것이 전혀 이상할 것이 없던 그런 시절이 있었다. 그것도 배움이었고, 가르침이었던 시절. 그러나 지금은 특별한 경우가 아니라면 컴퓨터 활용을 배우는 경우는 극히 드물다. 심지어 스마트폰이 등장한 이후에는 인터넷을 따로 배운다는 것은 더욱 찾기 희박한 이벤트가 되었다.

앞서 소개한 세 가지의 일화들은 90년대 이후 태생인 사람들에게는 피부에 다가오지 않는 이야기이다. 그저 옛날 옛적 호랑이 담배 피우던 시절 사연과 다를 바 없다고 생각할지 모른다. 할머니가 어렸을 때는 쌀이 없어서 굶는 날도 있었다는 말에 "왜 굶어. 밥 없으면 빵 먹으면 되지."라고 대답한 아이가 있었다는 말처럼, 공감할 수 없는 역사 속 한 페이지로 인식할 뿐인 것이다.

미디어가 바꾸는 세상의 변화를 받아들일 준비가 되어 있는가?

각각의 일화 속의 상황들을 공감하지 못하게 만든 데에는 미디어의 역할이 결정적이었다. 약속시간의 개념을 송두리째 뒤흔든 것은 휴대폰 혹은 스마트폰이며, 입시 풍경과 컴퓨터 학원가의 상황을 바꾼 것은 인터넷이었다. 이 두 가지 미디어는 서로 떼려야 뗄 수 없는 관계이며, 현대사회의 커뮤니케이션을 좌지우지하는 핵심적 역할을 하고 있다.

재미있는 것은 이러한 미디어들의 만든 변화가 너무 순식간에 일어났다는 것이다. 인터넷이라는 존재가 본격적으로 보급된 지 아직 20여 년밖에 되지 않았다는 것, 놀랍지 않은가. 불과 십 수년 전만 해도 오늘날과 같은 상황이 오리라는 것은 쉽사리 예측하기 어려웠다. 초등학생 아이들의 과학상상화에나 등장하는 이미지처럼, '언젠가는 그렇게 되겠지.'라는 막연한 기대감만이 있었을 뿐이다. 하지만 그 '언젠가는'이 바로 오늘 우리 눈앞에 펼쳐져 있다. 인터넷은 우리 사회 전체의 기반에 스며들어 있고, 인간 사이의 관계까지도 중요한 영향력을 행사하고 있다. '아, 그렇구나.'하고 넋 놓고 바라보기에는 하루하루의 변화가 너무 긴박하고 역동적이다.

이러한 빠른 변화들 속에 우리는 적절하게 적응하면서 변화를 받아들일 준비가 되어 있는가? 변화의 상황에 발맞추어 나의 생각과 커뮤니케이션의 문법들을 맞추어 가고 있는지 자문해 볼 필요가 있다. 혹시 아직도 여자친구를 만나기 위해 귀찮도록 약속 시간을 반복해서 묻고 있지는 않은지, 약속 시간에 10~20분 늦을 것 같아 정작 선물은 팽개치고 약속장소로 뛰어가는 것에만 정신이 팔려 있는 사람과 같은 모습은 아닌지 자신을 되돌아볼 필요가 있는 것이다. 커뮤니케이션 환경이 완전히 달라졌다. 그로 인해 닥친 문제의 중요성이나 우선순위의 변동도 연쇄적으로 벌어지고 있다. 그렇다면 당연히 살아가는 방법에도 변화가 필요하다.

  인터넷이 이 시대를 관통하는 중심적 미디어라고 인식했다면, 인터넷을 상황과 맥락에 따라 적절하게 활용할 줄 알며 인터넷의 문법에 따라 다양한 콘텐츠를 제작할 수 있는 사람이 되어야 하지 않을까? 인터넷 이전의 시대를 답습하는 구태의연한 모습이 아닌, 인터넷 시대에 걸맞은 새로운 인간상을 밝히려는 접근이 필요한 때이다.

〈현대인의 삶을 바꾼 대표적 미디어, 스마트폰〉

이제는 인터넷 '유저User' 수준이어서는 안 된다

인터넷, 제대로 쓰고 있나?

"인터넷 쓸 줄 아세요?"

이런 질문을 받는다면 혹자는 이 사람이 왜 이런 어처구니 없는 질문을 하는지 그 저의(底意)에 의심의 눈초리를 날릴 것이다. 인터넷을 사용하지 못한다고? 청소년들을 포함하여 사회생활을 하고 있는 대부분의 사람들에게 인터넷은 그냥 생활이자 삶의 일부이지 '사용'이라는 표현이 의미를 가질 문제가 아니다. 이제 우리가 주목해야 하는 것은 인터넷을 제대로 사용하고 있는지, 다시 말해 적절하게 사용하고 있는지를 따져보아야 하는 것이다. 이런 일화를 한번 예로 들어보자.

　K중학교, 3학년 O반의 수학시간. 선생님이 들어오시자마자 지난 시간 내준 숙제를 검사하겠다고 하자 반이 한바탕 술렁였다. 숙제한 노트를 꺼내느라 여기저기서 부산한 움직임이 있었기 때문이다. 잠시 후 숙제 안 한 사람 나오라는 선생님의 한마디가 이어졌고, 무척 억울한 얼굴을 한 P군이 터덜터덜 앞으로 나왔다. 그리곤 한다는 말이 숙제를 분명히 했는데 집에 두고 왔다는 것이었다. 단호한 선생님은 그런 P군에게 가져오지 않은 것은 안 한 것과 다를 바가 없다고 말씀하셨다. P군은 계속해서 그래도 했다면서 봐달라고 우기자 결국 선생님은 이런 농담을 하며 상황을 정리하셨다.

　"난 집에 금송아지가 있어. 몰랐지? 그냥 학교에 안 갖고 오는 것뿐이야."

　결국 P군은 별 소득 없이 그냥 자리로 돌아올 수밖에 없었다. 이날 P군은 숙제를 해오지 않은 학생 중 한 명이 되었다.

　중고등학교 시절, 숙제 검사 시간이 되면 종종 이런 상황들이 연출되곤 했다. 숙제를 분명히 했는데 집에 두고 왔다는 학생, 그리고 가져오지 않은 것은 안 한 것이라던 선생님. 그 논쟁의 끝은 난데없는 금송아지 이야기로 마무리 되는 경우가 있었다. 어이없는 이야기이긴 하지만 갖고 있는 것을 바로 지금 보여주지 못한다면 설령 그 가치가 얼마나 큰 것이든 무슨 소용이 있냐는 뜻이다. 즉, 어떤 물건이라는 것은 필요한 순간, 있어야 할 자리에 반드시 있어야만 그 가치를 인정받을 수 있다. 어떤 사물만의 이야기가 아니다. 인간의 능력이라는 것도 역시 마찬가지다. 알고 있는 지식 수준이 걸어 다니는 구글Google이고, 가진 역량이 고(故) 스티브 잡스도 울고 갈 만큼 엄청나다고 할지라도 그것을 보여주지 못한다면 아무런 소용이 없는 것이다. 이제 우리는 인터넷을 사용할 줄 아느냐의 수준이 아니라 인터넷을 사용할 수 있다는 것을 어떤 형태로 보여주고 표현할 수 있느냐를 생각해야 하는 것이다.

앎의 표현이란 상황적 맥락을 동반한다. 맥락과 분리된 사용방법은 기능적 수준의 테두리를 넘어설 수 없다. 그저 지식 혹은 정보의 단편적 파편의 나열이 되는 것이다. 예를 들어 수영이라는 것을 생각해 보자. 처음 수영장에 가서 수영을 배우면 물에 뜨는 법, 호흡하는 법, 발차기 하는 법 등을 배우게 된다. 수영방법을 배우기 전에 기능적 동작을 익히는 것이다. 기능적 동작은 수영을 하는 데 있어 매우 중요하지만, 이러한 기능을 수행할 줄 안다고 해서 수영을 할 수 있는 것은 아니다. 이런 기능이 익숙해지면 그 때부터 영법(泳法)이란 것을 배운다. 자유형, 배영, 평영, 접영 등 우리가 수영방법이라고 알고 있는 것들을 하나씩 배워 나가게 된다. 그런데 이렇게 수영장 안에서 수영을 배운다고 해서 바로 바다에 나가 수영을 할 수 있느냐는 다른 문제다. 맑고 투명한 물, 몸을 일으키면 발이 닿을 수 있는 적당한 수심, 그리고 레인이라는 것을 통해 작은 물결까지도 잡아주는 안정되고 통제된 수영장이란 공간에서 수영을 배운 사람은 강이나 바다와 같은 자연적 환경 속에 바로 적응하지 못한다. 물론 그 환경에서도 경험을 쌓으면 수영을 제대로 배우지 않은 사람보다 수영을 잘 할 가능성은 있지만 수영장의 수영을 바다의 수영과 동일하게 대체할 수는 없다. 수영을 하는 상황적 맥락이 다르기 때문이다. 그래서 바다수영은 수영장에서 수영을 배운 사람이 아니라 어린 시절부터 바다에서 놀고 자란 사람이 더 잘 한다. 영법을 떠나 파도가 철썩거리는 상황 속에서도 생존하는 수영을 할 수 있는 능력을 몸으로 체득하게 되기 때문이다.

수영을 제대로 한다는 것의 기준을 네 가지 유형의 영법을 바탕으로 빠르게 물을 헤쳐나갈 수 있는가로 볼 것인지, 아니면 실제적으로 물에 빠졌을 때 육지를 향해 움직일 수 있는 능력이나 기술로 볼 것인지는 결과의 큰 차이를 가져온다. 전자의 기준으로는 아주 훌륭하지만, 후자의 기준으로는 수영을 하지 못하는 것과 다를 바 없다는 말로 귀결될 수 있기 때문이다. 그렇다면 인터넷을 사용한다는 것은 전자의 기준에 가깝게 보아야 할까, 아니면 후자의 기준에 가깝게 보아야 할까? 생각해 볼 문제다.

인터넷 리터러시가 필요하다

삶에 인터넷은 더 이상 옵션이 아니다. 하면 좋고, 못해도 큰 문제는 없는 선택의 문제가 아닌 것이다. 인터넷이 인간의 삶 깊숙이 들어왔고, 인터넷이 생활의 보조도구 수준을 넘어 삶에 가장 큰 영향력을 행사하는 미디어로 자리 잡았다. 알면 좋고, 몰라도 그만인 수준을 점차 넘어섰다. 생존 자체에 위협을 가할 수 있는 긴박한 상황으로 변모한 것이다. 레저로서의 수영이 아니라 바다 생존으로서의 수영으로 관점을 전환해야 하는 이유다. 인터넷이 사회 기반에 깔려 있는 새로운 환경에서는 기존의 삶의 방법과는 차별화되는 특별한 기술들을 필요로 하게 된다. 이는 인터넷을 제대로 활용할 수 있는 기술, 곧 인터넷 리터러시 Literacy가 필요함을 의미한다.

리터러시란 용어는 사실 좀 생소하다. 흔히 사용되는 단어가 아니기 때문이다. 원래 리터러시란 언어와 관련된 개념 속에서 등장한 표현이었다. 언어의 틀 안에서 문자화된 기록을 통해 지식과 정보를 얻고 그 내용을 이해할 수 있는 능력이 바로 리터러시의 본 뜻이다. 이런 의미 아래 컴퓨터를 활용할 줄 아는 능력은 컴퓨터 리터러시, 올바르게 게임을 즐길 수 있는 능력은 게임 리터러시, 사진의 의미를 읽고 해독할 수 있는 능력은 사진 리터러시 등으로 정의해 왔다. 이러한 미디어 활용 능력과 관련된 리터러시를 통틀어 미디어 리터러시[QR01]라고 한다.

  인터넷 역시 대표적인 현대 미디어 중 하나다. 따라서 인터넷을 제대로 활용할 줄 아는 능력을 다룰 필요가 있으며, 이를 리터러시란 용어를 넣어 표현하면 인터넷 리터러시라고 명명할 수 있다. 즉, 인터넷 리터러시란 인터넷을 활용하여 자신의 생각과 의견을 표현하며, 커뮤니케이션의 과정에 참여시킴으로써 사회 구성원으로서 인간의 능력을 완성하는 방법이라고 정의할 수 있다. 삶의 많은 영역들이 인터넷을 기반으로 재편되고 있는 현대 사회의 상황을 볼 때 인터넷 리터러시는 삶을 살아가기 위해 반드시 필요한 능력이다.

QR01   [NAVER 지식백과] Basic 고교생을 위한 국어 용어사전: 미디어리터러시

새로운 인간상, 인터네트워커가 되자

그렇다면 이러한 인터넷 리터러시를 갖춘 사람, 인터넷 리터러시를 보유한 사람에 대한 어떤 호칭을 부여할 수 있지 않을까? 학생을 가르칠 수 있는 사람은 선생이며, 비행기를 몰아 승객을 이동시킬 수 있는 능력이 있는 사람을 기장이라고 부르듯이 인터넷 리터러시를 갖춘 사람도 특정한 이름을 부여할 수 있을 것이다. 이에 이 책에서는 인터넷 리터러시를 가진 사람을 인터네트워커 Inter-networker 라고 명명하고자 한다.

인터네트워커란 '인터넷 Internet'과 '네트워커 Networker'라는 용어를 합친 호칭이다. 인터넷은 '넷 Net'이란 표현에서 알 수 있듯 일종의 망, 그 자체로 하나의 네트워크다. 인간과 정보, 인간과 인간, 정보와 정보를 연결하는 망으로서 링크를 통해 서로 얽혀 있는 거대 네트워크다. 따라서 인터넷 리터러시를 갖춘 사람은 인터넷의 이러한 특징을 제대로 이해하고, 스스로를 인터넷의 관계망 중심에 있는 하나의 연결자로서 인식해야 한다. 인간과 정보, 인간과 인간을 매개할 수 있고 자기가 원하는 것들을 적절하게 취할 수 있어야 하는 것이다. 다만 인터네트워커는 인터넷 Internet과 워커 Worker의 합성으로서의 모습은 지양(止揚)한다. 단순히 인터넷을 활용하여 일하는 사람은 아니라는 것이다. 특히 워커라는 표현은 사물인터넷을 이야기하는 현대사회에 어울리는 표현은 아니라고 본다. 정보를 재가공하거나 정보에 새로운 생명을 불어넣어야 하는 창조적 과업을 수행하는 사람으로서 워커라는 단어는 부적합하다. 따라서 인터넷과 워커의 조합이라기보다는 '~사이의, 상호 간의'란 의미의 인터 Inter-라는 접두사와 네트워커 Networker라는 단어를 합친 용어로 보는 편이 타당하다. 네트워커들 사이에서, 상호 간의 재능과 가치들이 최대한 발현될 수 있게끔 중재하고 촉진하는 사람으로서 역할을 감당해야 하는 것이다. 따라서 인터네트워커란 '인터넷'과 '네트워커' 혹은 '인터'와 '네트워커'가 융합하는 용어다.

　인터네트워커는 인터넷을 비롯한 미디어를 활용하여 커뮤니케이션 하는 것이 전부가 아니다. 인터넷으로 연결된 각종 미디어들과 대화하는 사람이다. 말하듯 부드럽고 자연스럽게, 미디어와의 대화를 이어 나가면서 미디어가 해야 할 역할과 기능에 대해 정의한다. 그리고 그것을 적절히 활용하여 자신의 삶에 적용한다. 복잡한 언어를 배워 프로그래밍을 해야 한다는 부담도 없다. 이제 미디어가 인간에 가깝게 말을 걸어올 것이기 때문이다. 인간이 필요한 것들을 미리 알고 정보를 제공할 것이기 때문이다. 인터네트워커는 그러한 상황을 즐기며 살아갈 수 있는 새로운 인간상이다.

　이러한 인터네트워커는 현대사회 커뮤니케이션의 중심에 서게 될 것이다. 이름 모를 누군가가 제시하거나 우르르 별을 따라 쫓아다니는 군중으로서가 아니라 커뮤니케이션 환경을 주도하고 주관하는 역할을 자신도 모르게 하고 있게 될 것이기 때문이다. 따라서 인터네트워커는 이러한 자신의 상황에 대한 인식을 분명하게 해야 한다. 자신만을 생각하는 수준에 머무르는 것이 아니라 속한 조직이나 공동체의 소통을 중재하고 촉진하는 리더로서 적극적인 상호작용을 이끌어 내고, 주도적인 영향력을 행사해야 할 것이다. 때로는 커뮤니케이션의 방향이 흔들린다고 판단되면 적극적으로 개입하여 바른 방향으로 수정하려는 노력이 필요하다. 또한 인터네트워커는 본인이 참여하고 주도적으로 이끌었던 과제나 소통의 영역 속에서 추구하는 성과물의 질이 향상될 수 있도록 해야 한다. 만약 성과를 이루는 구성요인들이 명확하게 정의되었다면 그것들이 서로 얽혀 상생과 시너지 효과를 발휘할 수 있도록 노력해야 하는 것이다.

미디어로서
인터넷에 주목하자

인터넷은 하드웨어를 초월하지만 하드웨어 친화적이다

사실 인터넷은 다른 미디어들과는 다른 독특한 특성을 갖고 있기에 인터넷을 미디어로 보는 것이 맞는지 수많은 논란들이 있어 왔다. 보통 미디어라고 하면 TV, 라디오 등과 같이 어떤 기기, 즉 하드웨어Hardware에 종속된 무엇인가를 말하는 경우가 많았다. TV라고 하면 영상미디어를 담는 것이고, 라디오라고 하면 소리로 된 미디어를 담는 등의 특징이 있던 것이다. 라디오가 영상미디어를 직접 담을 수 없고, TV가 음성미디어만 담을 이유도 의미도 없다. 그래서 미디어란 '무엇'이라고 딱 떨어지게 설명하기가 요즘보다는 수월했다.

하지만 인터넷은 어떠한가? 인터넷은 이러한 기기처럼 하나의 특징에 종속적으로 설명할 수 없다. 초창기에야 컴퓨터로 그 활용영역을 제한할 수 있었지만 이제는 그런 식으로 귀결시킬 수 없다. 굳이 스마트폰을 거론하지 않더라도 카메라, 냉장고, 보일러 등 우리 주변의 수많은 사물들이 인터넷을 통해 연결되어 있는 상황이다. 거의 사물을 움직이도록 동력을 공급하는 전기 수준이다. 그렇기 때문에 인터넷이 미디어인지 물었을 때 그렇다고 단박에 이야기하기가 어려웠던 것도 사실이다. 컴퓨터가 미디어냐고 물으면 비교적 쉽게 그렇다고 대답할 수 있지만 인터넷은 선뜻 답하기 어려운 것이다.

특정 기기에 종속되지 않는다는 것 외에도 인터넷은 기존의 미디어와는 다른 차이점을 갖고 있다. 한두 가지로 요약할 수 있는 특정한 기능을 가졌다기보다는 많은 것들을 포괄할 수 있는 수용력을 가졌기 때문이다. 인터넷 그 자체가 어떤 표출된 기능을 갖는 경우도 많지만 '넷'이라는 표현에서 알 수 있듯 연결의 기능으로써 인터넷이 사용되는 경우가 많기 때문이다. 이러한 특징은 인터넷에 대한 사람들의 인식에도 중요한 영향을 미쳤다. 이러한 여러 특징들과 변수가 있지만 인터넷은 기존의 그 어떤 미디어보다도 미디어적이다. 미디어의 본질인 커뮤니케이션의 중재 및 확장으로서 그 역할을 강력하고 충실하게 수행하기 때문이다.

인터넷의 도구로 컴퓨터만 쓰이던 시절에는 인터넷이 미치는 영향력의 범위, 크기, 대상이 삶을 위기로 몰아넣을 만큼 절대적인 수준은 아니었다. 늘 인터넷 외의 대안들이 존재하고, 인터넷을 쓰지 못하는 사람들을 위한 배려들이 곳곳에 배치되어 있었다. 그런데 스마트폰을 필두로 한 모바일 혁명이 일어난 이후 인터넷의 영향력은 배가되고 말았다. 인터넷 활용의 주된 기기Device가 이동성이 떨어지는 컴퓨터를 벗어나 손 안의 전화기로 이동함으로써 이동성이 높아졌을 뿐만 아니라 모든 개인이 하나의 기기를 갖게 되는 환경으로 변화되었다. 이제는 어딜 가든 인터넷을 활용할 수 있게 되었으며, 각종 정보의 공급자들은 해당 정보를 필요로 하는 사람들이 즉각적으로 인터넷을 활용할 수 있다는 전제 하에 정보제공 방법을 구성하는 경우가 많아졌다. 이러한 환경 변화는 디지털 미디어가 등장한 이후 꾸준하게 제기되었던 사용 격차,

즉 디지털 디바이드Digital Divide의 발생 가능성을 높이게 되었다.

디지털 디바이드란?

디지털 디바이드QR02란 1990년대 중반부터 사용하기 시작한 용어로, 정보를 가진 자와 갖지 못한 자의 분할을 말한다. 이러한 분할이 일어나는 이유는 디지털 기기의 보유 정도와 사용 능력, 활용 정도 등에 따른 정보 접근 역량 및 활용 수준에 총체적 차이가 나타날 수 있기 때문이다. 쉽게 말해 컴퓨터나 스마트폰과 같은 디지털 미디어를 활용하는 사람과 그렇지 못한 사람들 사이에 다양한 차이가 발생할 수 있다는 것이다.

실제로 모바일 미디어가 널리 보급되기 시작하면서 이러한 우려는 점점 더 커지고 있다. 한국정보화진흥원에서 발표한 『2014 국가정보화백서』 요약본에 따르면 장애인, 저소득층, 장·노년층, 농어민 등 소외계층의 평균 인터넷 이용률에서의 격차는 전체 국민 대비 31.3% 수준이나 모바일 미디어에 의한 격차는 소외계층이 전체 국민 대비 57.5% 수준으로 큰 차이를 보이고 있다(표1, 표2 참조).

QR02 [유튜브] 정보화 시대 그늘 '모바일 정보격차'

[표1] 소외계층 인터넷 이용률 및 격차 추이

(단위: %)

구분		2004	2005	2006	2007	2008	2009	2010	2011	2012	2013
전체국민		70.2	72.8	74.8	76.3	77.1	77.6	78.3	78.3	78.7	82.1
소외계층 평균	이용률 (격차)	24.9 (45.3)	29.4 (43.4)	35.1 (39.7)	40.1 (36.2)	41.7 (35.4)	43.0 (34.6)	44.3 (34.0)	45.6 (32.7)	56.1	60.0
장애인	이용률 (격차)	34.8 (35.4)	41.0 (31.8)	46.6 (28.2)	49.9 (26.4)	51.8 (25.3)	52.7 (24.9)	53.5 (24.8)	54.4 (23.9)	55.5 (23.2)	56.7 (25.4)
장·노년층	이용률 (격차)	19.3 (50.9)	22.5 (50.3)	28.3 (46.5)	34.1 (42.2)	35.6 (41.5)	37.6 (40.0)	39.3 (39.0)	41.1 (37.2)	42.6 (36.1)	48.5 (33.6)
저소득층	이용률 (격차)	38.4 (31.8)	44.2 (28.6)	48.4 (26.4)	52.8 (23.5)	54.6 (22.5)	55.7 (21.9)	56.5 (21.8)	57.4 (20.9)	58.5 (20.2)	60.4 (21.7)
농어민	이용률 (격차)	16.9 (53.3)	23.0 (49.8)	29.4 (45.4)	33.4 (42.9)	35.2 (41.9)	36.2 (41.4)	37.5 (40.8)	38.9 (39.4)	40.2 (38.5)	42.2 (39.9)

＊격차는 전체국민과 소외계층 간 인터넷 이용률 차이이며, 전체국민 인터넷 이용률은 KISA 발표자료 기준 [2013 인터넷이용 실태조사]
＊평균은 소외계층별 규모를 고려한 가중 평균임
자료 : 한국정보화진흥원

[표2] 전체국민 대비 소외계층 모바일 정보화 수준

(단위: %)

구분	모바일 접근		모바일 역량		모바일 활용		모바일 종합	
	2012	2013	2012	2013	2012	2013	2012	2013
장애인	34.1	53.5	27.6	37.2	31.1	35.8	30.2	41.8
저소득층	42.9	74.0	48.0	58.9	45.9	59.9	46.1	63.8
농어민	28.3	48.0	23.7	31.1	25.3	29.2	25.3	35.7
장·노년층	32.9	55.8	16.1	30.7	22.9	32.1	22.2	38.8
평균	34.2	57.5	24.1	36.2	28.3	36.8	27.8	42.9

＊전체국민의 모바일 정보화 수준을 100으로 할 때, 전체국민 대비 소외계층의 모바일 정보화 수준을 의미
＊모바일 격차지수 산출 결과(스마트 격차지수의 모바일 관련 측정항목을 재구성하여 별도 산출)
자료 : 한국정보화진흥원

다행히 인터넷 사용 격차는 물론 모바일 미디어 격차 모두 차이가 줄어드는 추세에 있지만 격차로 인해 경험하게 될 삶의 질의 문제는 지속적으로 커져가고 있다. 예를 들어 스마트폰의 경우 단순히 보유하고 있는지 여부가 계층별 차별과 갈등을 부추기도 한다. 청소년들 사이에서 카카오톡과 게임이 중요한 커뮤니케이션 수단이 되면서 스마트폰이 없으면 왕따를 당하는 '스마트폰 왕따'라는 문제가 발생하기도 한다. 또한 스마트폰 보유자라 할지라도 활용수준에 따라 격차가 발생하기도 하는데, 스마트폰을 활용한 각종 인터넷 서비스들을 통해 정치적·사회적인 여론이 형성되면서 그러한 서비스들을 사용하지 않을 경우 관련 논의에서 소외될 수 있는 가능성도 생기게 되었다. 따라서 디지털 디바이드를 넘어 원활한 삶을 살기 위해 인터넷 리터러시에 대한 논의는 필연적으로 등장하게 되는 것이다.

미디어로서 인터넷이 가진 특성을 살펴보자

인터넷을 미디어로 보고 그 특성을 이해하면, 인터넷이 인간의 삶에 어떤 영향을 미치고 있는지, 그 안에서 어떤 역할을 하고 있는지 객관적으로 바라볼 수 있게 된다. 이러한 관점을 통해 그동안 인식하지 못했던 인터넷으로 인한 여러 현상들을 설명할 수 있다. 앞서 논의했던 인터네트워커는 이러한 인터넷 리터러시를 갖춘 사람이며, 더 나아가 이러한 환경 속에서 정보를 효과적으로 생산, 중개, 유통, 소비 및 재생산하는 선도적 역할을 감당할 수 있다.

인터네트워커가 되기 위해, 인터넷 리터러시를 갖추기 위해 우선 해야 할 것은 무엇일까? 우선 미디어로서 인터넷이 어떤 특성을 갖고 있는지 살펴보아야 한다. 미디어의 발전은 그저 새로운 기능을 경험할 수 있게 되는 수준으로 끝나지 않았다. 역사를 되짚어 보았을 때 미디어의 발전과 변천은 인간의 삶과 문화에 중대한 변화를 이끌어 내었다는 것을 발견할 수 있다. 따라서 인터네트워커가 되기 위해서는 미디어 발전의 역사 속에 인터넷의 현 위치를 확인하고, 어떤 과정을 거쳐왔으며 어디로 갈 것인지 추적해야 할 필요가 있다. 이러한 과정을 통해 인터넷이 인간의 삶에 어떤 영향을 미치고 있는지, 그 안에서 어떤 역할을 하고 있는지 객관적으로 바라볼 수 있게 된다. 또한 그동안 인식하지 못했던 인터넷으로 인한 여러 현상들을 설명할 수 있게 된다.

〈인터넷은 세계를 하나로 엮었다〉

2장

세상을 좌지우지 하는
미디어의 능력

미디어는 '능력자'다

미디어의 변화는 곧 기술의 발전이다

　초등학교 시절, 학교에서 방학 때면 자주 내주던 숙제가 있었다. 미래에 대한 상상화 그리기, 혹은 과학서적 읽고 독후감 쓰기가 그것이다. 모든 것이 가능하던 '21세기'의 세상을 그려보며 TV를 통해 대화를 하고, 자동차가 날아다니며, 우주를 여행할 수도 있고, 해상도시가 건설되어 쾌적한 삶을 살 수 있는 등 정말 '꿈같은' 이야기를 만들어 내곤 했었다. 어린아이들은 어떤 생각을 바탕으로 이런 숙제를 하게 되는 것일까? 바로 '기술이 발전하게 되면…'이란 생각 속에서다.

[QR03] 디지털 컨버전스

　기술의 발전이란 '미디어의 진화'라는 표현과 맞바꾸어도 크게 어긋나지 않는다. 흔히 미디어를 매스 커뮤니케이션 Mass Communication의 도구이거나, 커뮤니케이션과 관련된 특정 기기 정도로 한정하여 보곤 하는데, 이는 현대 사회의 상황에 놓고 볼 때 지나치게 제한적 관점이다. 누군가와의 의사소통을 전제로 하던 커뮤니케이션이란 용어의 의미도 계속해서 바뀌고 있을뿐더러, 복잡한 컨버전스^{QR03}의 과정

QR03　[유튜브] ICT컨버전스가 변화시킬 놀라운 미래

45

을 거치며 미디어의 성격을 한마디로 규정하기 어려워지고 있기 때문이다. 따라서 미디어의 개념을 확장해야 하며, 기술Technology이란 표현과 거의 동일한 맥락에서 사용하는 것이 옳다. 즉, 이제 미디어란 더 이상 소수의 권력자들이 다수의 대중에게 메시지를 전달하기 위해 선택하는 도구이거나, 인간의 오감 중 한 가지 감각을 자극하는 단편적 기술이라고 보아서는 안 된다. 인간이 삶을 영위하는 데 있어 반드시 필요한 말하기, 읽기, 쓰기 등 언어와 관련된 총체적 영역으로 보아야 하며 더 나아가 감각 기능을 확장하고, 폭넓은 사유Thinking를 할 수 있도록 지원하는 커뮤니케이션과 관련된 모든 기술이라는 관점으로 보아야 한다.

미디어는 인간 감각의 확장이다

이러한 현시대의 상황을 마치 예견이라도 한 것처럼 미디어에 대한 멋진 표현을 한 학자가 있다. 미디어에 관심이 있는 사람이라면 누구나 한번쯤은 들어봤을 법한 그 사람, 바로 마샬 맥루한Marshall McLuhan²이다. 그는 캐나다의 미디어 이론가이자 문화비평가로 미디어와 미디어의 의미에 관하여 기존과는 다른 해석을 통해 미디어 비평계의 초석을 다졌다. 그의 여러 업적 중 가장 크게 인정받고 있는 것은 1964년에 출간된 『미디어의 이해Understanding Media』라는 책이다.

---

2 마샬 맥루한은 University of Toronto의 교수를 역임했으며, 지구촌(The Global Village)이란 말을 처음 사용한 것으로도 유명하다.

QR04 [NAVER 블로그] 마샬 맥루한의 미디어에 대한 정의

이 책은 미디어 분야에 손꼽히는 명저로, 현재까지도 여러 분야에서 영향력을 끼치고 있다. 이 책에서 맥루한은 미디어를 '인간의 확장The Extensions of Man'이라고 표현했다. 옷은 피부의 확장, 바퀴는 발의 확장, 책은 눈의 확장, 라디오는 귀의 확장, 전기회로는 중추신경 체계의 확장이라고 했다. 이러한 그의 미디어에 대한 개념 속에는 미디어와 인간이 주고 받는 상호 영향력의 정도가 잘 표현되어 있다.[QR04] 즉, 미디어는 단순히 콘텐츠를 실어 나르는 통로가 아니며, 인간의 감각과 정신, 그리고 세계관에까지 절대적인 영향을 미치는 존재이다. 이는 인간의 삶 속에서 미디어에 대한 위상을 재정의한다. 기존의 미디어에 대한 도구적, 기기적 접근방법으로는 이러한 영향력의 근본을 설명할 수 없기 때문이다.

앞서 잠시 거론했던 초등학생의 방학숙제 이야기로 되돌아가보자. 그 상상 속의 미래는 기술의 발전, 미디어의 진화로 만들어진다. 즉, 현재 수준의 미디어는 불가능하지만 새로운 형태로 진화 및 발전하면 우리의 삶은 바뀔 것이라는 전제를 갖고 있다. 세상을 바꾸는 주체로 미디어를 상정하고 있는 것이다. 쌍방향으로 대화하는 TV, 얼굴이 보이는 전화, 날아다니는 자동차 등 어린아이의 생각 속에 미래란 바로 그런 세상이었다.

미디어의 변화는 곧 문명의 발생과 이어진다

미디어나 기술이 시대를 대변하는 관점은 역사를 통해서도 쉽게 찾아볼 수 있다. 대표적인 사례가 도구의 재료를 갖고 시대를 구분하는 방법이다. 우리는 인류의 역사를 이야기하며 구석기시대, 신석기시대,

청동기시대, 철기시대 등 당시 문명이 사용했던 도구를 무엇으로 만들었는가로 구분하고 있다. 또한 도구를 가공하는 방법을 통해 다시 한 번 시대를 가르기도 했다. 이는 도구, 즉 미디어가 시대를 구분할 수 있을 만큼 강력한 영향력을 갖고 있다는 반증이며, 실제로 그런 결과를 보였음을 역사가 증명하고 있다. 청동기 문명은 철기 문명 앞에 약해질 수밖에 없었다. 말이 끄는 전차를 가진 군대가 세계를 제패했으며, 제2차 세계대전은 원자폭탄에 의해 종결되었다. 새로운 기술이란 시대를 변화시키는 핵심적 요인이며, 이러한 기술의 관점에서 미디어의 영향력 역시 크고 강력하다고 할 수 있다.

〈청동기 – 초기 철기시대 유물, 간돌화살촉〉
출처: http://www.ssu.ac.kr/web/museum/index

미디어를 완벽하게 통제할 수 있었다면 프랑켄슈타인의 비극은 없었다

프랑켄슈타인은 하나만 알고 둘은 몰랐다

[QR05] 프랑켄슈타인

최초의 SF소설이라고도 불리는 괴기소설 『프랑켄슈타인Frankenstein』[QR05]은 기술이 가져온 비극적 결말을 잘 그리고 있다. 극의 주인공인 프랑켄슈타인은 무생물에 생명을 부여할 수 있는 방법을 알아내곤 죽은 자의 뼈로 키가 240cm정도나 되는 인형을 만들어 생명을 불어넣는다. 이 괴물은 인간 이상의 힘을 발휘하면서 추악한 자신을 만든 창조주에 대한 증오심을 품는다. 이후 프랑켄슈타인의 동생을 죽이는 등 여러 가지 사건들을 벌이게 되며 종국에는 프랑켄슈타인까지도 죽이는 비극적 결말을 가져 온다. 이 소설은 사회적으로 큰 파장을 일으켰으며, 책뿐만 아니라 영화나 뮤지컬로도 만들어져 많은 사람들에게 알려졌다.[3]

프랑켄슈타인의 주인공이 새로운 생명체를 만드는 과정에서 그 생명

---

3 흔히 프랑켄슈타인에 등장하는 괴물의 이름이 프랑켄슈타인인 것으로 알고 있지만, 사실 프랑켄슈타인을 만든 과학자의 이름이 프랑켄슈타인이다. 프랑켄슈타인을 누구로 지칭하는지 착오 없기를 바란다.

QR05 [나무위키] 프랑켄슈타인

체가 어떤 결과를 가져올 것인지 예측할 수 있었다면 그러한 시도를 했을까? 아마 그렇지 않았을 것이다. 자신의 창조물이 자신의 생명을 파괴할 것을 알면서 그러한 노력을 할 이유가 없기 때문이다. 그는 아마 그 새로운 생명체가 더 좋은 내일을 만들어 줄 것이라고 믿었을 것이다. 하지만 결과는 어떠했는가? 모두가 파멸로 치닫는 암울한 상황만 남겨졌을 뿐이다. 이는 단순히 소설 속의 이야기로만 치부할 수 없다. 삶의 여러 영역 속에 시사하는 바가 적지 않기 때문이다.

미디어는 인간의 필요에 의해 계획된 산물이다

미디어가 사회 변화의 동인이 된다는 점은 대부분 큰 이견이 없다. 하지만 한 단계 더 들어가, 과연 미디어가 일으킨 변화가 '기대했던', 혹은 '예측 가능한' 것이었는가 질문하면 답변을 멈칫거리게 된다. 미디어가 일으키는 변화의 깊이를 물었을 때 선뜻 해피엔딩뿐이었다고 말하기 어려워지는 것이다. 이 질문에 대해 보다 정확하게 답변하기 위해서는 미디어가 등장하게 되는 상황을 짚어보아야 한다.

사실 모든 미디어는 인간의 의도 아래 만들어진다. 물론 어떤 사건이나 사고의 결과로 예상하지 못했던 기술들이 등장하기도 하지만 그것을 활용할 것인가 결정하는 주체 역시 인간이기 때문에 모든 미디어는 인간의 의도에 따른다고 보는 것이 일반적이다. 즉, 미디어는 인간의 필요와 요구에 의해 만들어진 결과이며, 미디어를 만든 제작자는 미디어가 자신의 의도에 충실하게 역할해줄 것이라 기대한다. 미디어를 활용하는 사람들 역시 제작자가 제시한 기능과 역할에 대해 공감하기 때문에 그것에 맞게 활용하게 된다. 이러한 관점의 연장선 상에서 미디어 활용과 관련된 각종 효과성 연구 및 효율성 지표들이 탄생하게 된다. 예를 들면 '그거 할 때는 이런 미디어가 좋더라.'라는 식의 연구결과들이 이러한 접근방법에 기초한다. 즉, 의도대로 잘 기능을 수행하고 있는지, 더 잘 활용하기 위해서는 어떻게 해야 하는지 등을 고민하는 것이다. 따라서 만약 미디어가 제 역할을 다 하지 못한다고 판단되면 역사 속에 사장되기도 하며, 새로운 미디어의 탄생에 의해 분리, 융합의 단계를 거쳐 재구성되기도 한다. 이처럼 미디어는 인간의 입장에서는 '철저한' 계획의 산물인 것이다.

테우스 신과 타무스 왕의 서로 다른 관점에 주목하라

그런데 과연 미디어는 인간의 '철저한' 생각대로 세상에 영향을 끼치고 있는 것일까? 기대 밖의 다른 결과물을 내놓지는 않는가? 더 나아가 예측할 수조차 없었던 영역에서 새로운 문제들을 일으키지는 않는가 생각해 볼 필요가 있다. 이는 미디어가 인간의 완벽한 통제 안에 있는가 하는 본질적 의구심을 자극하게 된다. 싱거운 논의가 될 수 있겠지만 미디어는 절대로 인간의 기대와 예측대로만 움직이지 않는다. 휴대폰이 약속과 관련된 시/공간적 변화를 가져올 것이라고 예상하기란 쉽지 않았을 것이며, 인터넷의 발전이 대학입시 원서접수 풍경을 바꿀 것이라고 생각하기도 어려웠을 것이다. 즉, 미디어를 만든 인간은 미디어로 인한 결과를 완벽하게 판단할 수 없다. 이와 관련하여 흥미로운 이야기가 있다. 플라톤의 『파이드로스Phaedrus』에 등장하는 '타무스 왕의 신화'[4]가 바로 그것이다.

---

4 Postman, N. (1992). *Technopoly: The surrender of culture to technopoly*. 김균(역) (2005). 테크노폴리: 기술에 정복당한 오늘의 문화. 서울: 궁리.

이집트에는 천문학, 기하학, 주사위, 계산법, 문자 등을 발명한 테우스라는 신이 있었다. 타무스 왕은 그 테우스 신을 초대하여 즐거운 시간을 가졌다. 테우스는 타무스에게 자신의 발명품들을 보여주었고, 타무스는 테우스가 가져온 각 물건들에 대한 찬성과 반대를 표시했다. 그 발명품들의 타당성에 대한 검증을 진행한 것이다. 그러다가 문자에 도달했을 때 테우스는 다음과 같이 선언했다.

"왕이여, 여기에 내가 심혈을 기울여 완성한 작품이 있소. 이것은 이집트인들의 지혜와 기억력을 늘려줄 것이오. 기억과 지혜의 완벽한 보증수표를 발견해낸 것이지요."

이에 대해 타무스 왕은 다음과 같이 대답한다.

"모든 발명가의 모범이 되시는 테우스여, 기술의 발명자는 그 기술이 장차 이익이 될지 해가 될지를 판정할 수 있는 최선의 재판관은 될 수 없습니다. 문자의 아버지인 당신은 자손을 사랑하여 발명해낸 그 문자에 본래의 기능에 정반대되는 성질을 부여한 셈입니다. 문자를 습득한 사람들은 기억력을 사용하지 않게 되어 오히려 더 많이 잊게 될 것입니다. 기억을 위해 내적 자원에 의존하기보다 외적 기호에 의존하게 되는 탓이지요."

이 이야기는 꽤 점잖게 상황 표현을 하고 있지만, 문자라는 새로운 미디어를 들고 온 테우스는 흥분상태다. 자신이 문자를 만들게 된 이유와 그 기대효과를 생각하며 들떠있는 것이다. 신나게 타무스 왕에게 그것을 설명하지만 열광해 줄 것이라 기대했을지 모를 타무스 왕의 반응은 차가웠다. 더 많이 기억하기 위해 문자를 만들었지만 결국 문자에 기억을 의존하는 바람에 더 많이 잊어버리게 될 것이라고 말을 듣게 된다. 이 이야기는 미디어와 인간 사이의 관계에 대해 시사하는 바가 크다. 새로운 미디어의 등장에 대해 열광하기에 앞서 그로 인한 영향력의 명과 암을 꼼꼼하게 고민해봐야 한다는 메시지를 묵직하게 던지는 것이다.

시계는 중세를 넘어 르네상스로의 전환을 이끌었다

[QR06]
성무일도(시간전례)

미디어에 대한 이러한 논의를 위해 타무스 왕까지 소환할 것도 없다. 우리 주변에서 쉽게 접할 수 있는 예도 있다. 지금도 우리 손이 닿을 가까운 곳에 자리 잡고 있을 그것, 바로 시계다. 원래 인간은 시간에 대한 세밀한 구분을 두지 않았다. 하루의 해가 뜨면 활동을 시작하고, 해가 언덕 너머로 사라지면 하루를 정리했다. 시간이라는 것은 선형적이고 연속적인 개념이었으며, 돌고 도는 순환적인 흐름으로 여겼었다. 때문에 과거에 시간을 측정하던 해시계나 물시계와 같은 장비들은 '몇 시, 몇 분'처럼 시간을 촘촘하게 분절하여 측정하기 위한 용도였다기보다는 자연의 힘을 빌려 시간의 흐름을 파악하는 형태에 가까웠다고 봐야 한다. 그런데 중세에 들어서면서 수도

QR06 [위키백과] 성무일도(시간전례)

원에서 생활하던 수도사들로부터 정해진 시간에 정확하게 기도를 해야 겠다는 의도가 생겼다. 정해진 시간에 정해진 횟수만큼 정확하게 기도 하는 게 성실한 믿음의 표시로 여겨지게 된 것이다. 누르시아의 성 베네딕투스는 새벽 5시에 일어나 하루에 일곱 번 기도를 드리는 성무일도를 정했고, 7세기에 교황 사비니아누스는 수도원에서 하루 일곱 번 종을 치는 것을 의무화한 대칙서를 발표했다.[QR06] 하루 7회 기도 시간으로 알려진 이런 시간 준수의 규칙이 생김에 따라 자연스럽게 시간을 재고 규칙적으로 확인할 수 있는 수단이 필요해졌다.

[QR07]
근대산업과
시계의 관계

이러한 배경이 시계 발전에 결정적 영향을 미치기 시작했으며 세상을 가르는 변화가 시작되었다. 최초의 기계식 시계가 수도원에서 탄생하게 된 것이다. 이후 최신의 기기들에 대한 욕심이 있던 유럽의 왕가들이 시계에 관심을 갖고 본격적인 투자를 하게 되면서 시계는 점점 정교해졌다. 시계가 정교해져 갈수록 인간은 삶의 영역에서 엄격하고 일괄적으로 시간을 관리하려는 욕구가 강해졌다. 자연스럽게 시계는 사회 전반에 널리 보급되게 된다. 시계가 보편화됨에 따라 생각하는 방식에도 변화가 일어났다. 연속적인 흐름이었던 시간을 정밀하게 구분하고 나누게 됨으로써 인간의 사고 역시 구분과 측정이라는 체계적인 정신적 작업을 중요시하게 되었다. 이러한 시계의 개발은 중세를 벗어나 르네상스로 넘어가는 데 중요한 역할을 하게 되었으며 인간이 과학적 사고를 하는 데 큰 도움을 주게 주었다.[QR07]

시계의 원래 용도는 시간을 측정하는 것이었다. 정해진 시간에 약속

QR07 [NAVER 블로그] 근대산업과 시계의 관계

된 일들을 할 수 있도록 만들어주면 되는 것이었다. 그랬던 시계가 기대했던 역할을 넘어서서 인간이 예상하지 못했던 영향력을 행사하게 되었다. 이제 시계가 없으면 일상생활이 불가능하다. 인간의 삶이 시간에 의해 다듬어진다고 봐도 무방할 정도다. 시계로 인해 생활의 밀도가 높아졌고, 행동의 간격이 촘촘해졌다. 정해진 시간에 일어나서, 정해진 시간까지 등교를 하거나 출근을 하고, 정해진 시간에 점심식사를 한 후, 정해진 시간에 하교나 퇴근을 하기까지 그 모든 게 시간의 틀 안에서 살아간다.

   시간의 역할은 때론 더 깊은 의미를 담기도 한다. 양적으로 측정 불가능한 노력의 정도나, 마음의 크기가 시간의 크기로 환산되기도 하기도 한다. 예를 들어 내가 이것을 하기 위해 얼마나 많은 시간을 들였는지를 말함으로써 내면에서 생각하는 중요성을 밖으로 끄집어 내기도 한다. 때론 돈이 오고 가는 계약의 근거가 숫자화된 시간의 정도로 표현되는 경우도 많다. 일례로 아르바이트를 한다고 하면 시간당 얼마를 줄 것인지 계산하여 시급이란 이름으로 급여를 지급한다. 그 안에는 무엇을 해야 하는지 담겨있기는 하지만 얼만큼 해야 하는지는 불분명하다. 단지 어느 정도 시간을 여기에 써야 하는지 정도만 제시할 뿐이다. 그 사람의 시간을 돈으로 구매하는 것이다. 이처럼 시계는 단순히 시간만을 이야기하는 도구가 아니다. 그 자체가 현대사회를 움직이는 큰 틀이자 도구이다.

새로운 미디어 앞에서
잘난 척 하지 마라

인간은 미디어의 창조자로서 오만을 버려야 한다

시계가 인간의 삶에 변화를 일으키는 단초가 되었다는 사실은 새로운 미디어의 홍수 속에 살아가는 현대인들에게 많은 것을 이야기하고 있다. 새로운 미디어가 내 삶에 등장했을 때, 그로 인해 어떤 변화들이 생길 것인지 스스로 점검하는 것이 필요하다는 것이다. 보통 어떤 미디어를 개발하거나 도입할 때에는 그로 인해 얻을 수 있는 장점이나 효과에만 시선이 집중된다. 특히 그것이 굉장히 획기적이고 놀라운 결과물들을 만들어 낸다면 그 외 다른 관점의 이야기들은 해봐야 귀에 들어오지 않는다. 신기효과가 모든 것을 덮어버리는 것이다.

그나마 비판적인 시각의 사람들이 예상된 부작용에 대해 관심을 갖고 외로운 소리를 낼 뿐이다. 이러한 상황의 이면에 미디어의 창조주로서의 갖고 있는 인간의 오만함이 담겨있다. 피조물에 대한 경시, 통제에 대한 자신감과 단정적 접근이 이러한 미디어에 대한 총체적 차원의 반성을 막아 선다. 미디어를 인간의 삶과 함께 영향을 주고 받는 생태계의 구성원이 아니라 이용의 대상이자 생의 보조도구와 같이 생각하고 있는 것이다. 그러나 미디어는 인간의 이러한 생각에 순순히 따르지 않는다. 미디어는 때론 무자비하고 파격적인 모습으로 인간에게 자신의 존재감을 드러낸다. 인간의 상황 따위는 안중에도 없다.

미디어를 도구가 아닌
커뮤니케이션 환경의 구성원으로 바라보아야 한다

지난 역사와 오늘날 우리 주변의 상황들을 통해 알 수 있듯이 미디어는 인류의 문명과 흥망성쇠에 깊이 관여해왔다. 따라서 미디어를 인간이 그어준 범위 안에서, 충실하게 기대했던 역할을 해내는 존재 정도로 생각해서는 안 된다. 미디어는 인간과 함께 영향을 주고 받는 삶의 구성원이다. 이러한 시각을 가져야만 미디어에 대해, 미디어와 인간의 삶에 대해, 서로 간의 영향력에 대해 제대로 바라보고 함께 더 나은 미래를 꿈꿀 수 있는 여건이 만들어진다. 즉 미디어를 인간의 삶을 구성하는 요인이며 커뮤니케이션의 통로이자 대상 그 자체임을 인정하는 것, 바로 미디어를 인간의 삶을 구성하는 환경으로서 바라보고 생태학적인 관점에서 접근하는 노력이 필요한 것이다.

미디어가 인간을 둘러싸고 있는 환경이라는 관점이 생기면 당연히 미디어에 대해 갖고 있는 전통적 시각들에 대해 비판적 눈초리로 바라볼 수밖에 없다. 일단 계속해서 논의해왔던 것처럼 미디어가 인간의 충실한 '하수인'이란 생각에 물음표를 던지게 된다. 그동안 미디어에 대한 많은 접근들은 미디어의 가치와 존재감을 높게 인정하지 않았다. 미디어를 인간과 인간 사이의 커뮤니케이션을 이어주는, 말 그대로 '매개체'로만 인정해왔다. 미디어는 그저 인간이 전달하고자 하는 내용을 잘 담아서 원하는 다른 대상에게 전달해주는 짐꾼^{Porter} 같은 역할이라 생각한 것이다. 하지만 미디어는 과거부터 그 정도의 존재가 아니었으며, 기술의 발전하면서 현재는 그 존재감이 더욱 높아졌다.

이제 1 + 1 = 2라는 생각은 접어라

미디어를 환경의 구성원으로 인정하면 미디어를 바라보는 시각은 물론 세상을 바라보는 시각, 그리고 인간에 대한 시각까지 총체적 변화가 일어나게 된다. 새로운 미디어의 등장에 대해 '1+1=2'라는 식의 부가적 계산법으로 접근하지는 않게 되는 것이다. 예를 한 가지 들어보자. 출퇴근 시간에 영화를 큰 화면으로 보고 싶었던 30대 초반 여성 직장인 L씨가 태블릿패드를 구매한 이후 벌어진 일들에 관한 이야기다.

통근버스를 타고 출퇴근하던 직장인 L씨는 회사가 갑작스럽게 통근버스를 없애버리는 바람에 골치가 아프다. 평소 통근버스를 타고 부족했던 잠을 보충했던 그녀였기에 대중교통을 이용해 출퇴근한다는 것은 생각하고 싶지도 않은 곤란한 상황이었던 것이다. 하지만 어찌하랴. 직장을 옮기든지, 회사 근처로 집을 이사하기 전까지는 어쩔 수 없이 매일 긴 여정을 떠나야 한다. 평소 영화를 좋아했던 그녀는 이번 기회에 태블릿패드를 하나 구매하기로 했다. 이동 중에 종종 스마트폰으로 영화를 보기도 했지만 화면 크기 때문에 아쉬움이 있었기 때문이다. 이제 매일 만원버스를 타고 긴 시간 출퇴근을 해야 하니 그에 대한 보상으로 지갑을 연 것이다.

회사의 막무가내 정책으로 인해 출퇴근 전쟁터로 몰리게 된 직장인 L씨. 그녀는 이제 안락한 통근버스가 아닌 짐짝 취급을 받는 만원버스를 타고 회사를 다녀야 할 상황에 처했다. 평소 스마트폰을 들고 다니며 가끔 영화를 보긴 했지만, 아무래도 큰 화면으로 보는 게 더 좋기 때문에 태블릿패드를 구매하기에 이른다. 이제 그녀에게는 어떤 변화가 일어나게 될까?

우선 L씨의 태블릿패드의 구매 목적인 출퇴근 시간 중 영화를 보는 상황이 좋아질 것이다. 10인치 가량되는 큼지막한 기기 덕분에 영화에 몰입하기가 수월해질 것이다. 그런데 태블릿패드를 구매하며 벌어진 변화가 이것으로 마무리될까? 그녀의 삶 속으로 조금 더 들어가보자.

커진 화면으로 영화를 보기 시작하니 아쉬운 부분이 또 하나 생기게 된다. 바로 사운드다. 보다 실감나게 영화를 보기 위해서는 사운드도 화면 크기만큼 중요한 요인이기 때문이다. 기존에 쓰던 스마트폰용 번들 이어폰으로는 성이 차질 않아 음질이 좋은 고가 헤드폰을 구입하게 된다. 그뿐이 아니다. 10인치라는 크기가 예상보다 크게 다가왔다. 평소 즐겨 갖고 다니던 핸드백으로는 태블릿패드까지 집어넣기가 애매했다. 대충 우겨 넣고 다니다가 화면이라도 깨지게 되면 그것도 낭패라는 생각에 편안하고 넉넉한 크기의 핸드백을 하나 더 구입하게 된다. 지출이 예상보다 많이 커지게 된 것이다. 삶의 변화는 여기서 그치지 않는다. 버스를 타고 영화를 보다 보니 화면이 많이 흔들려 눈이 나빠지는 것 같다는 생각이 들었다. 아무래도 버스를 타고 계속 영화를 보는 건 아닌 것 같아 지하철로 이동 수단을 바꿔야겠다고 마음을 먹는다. 원래 지하철로 다니지 않았던 이유는 버스보다 시간이 10~20분 정도 더 소요되었기 때문이다. 하지만 어차피 시간은 걸리는 것, 영화를 보다 보면 어느새 회사에 도착해있을 테니 조금 더 일찍 일어나야 하겠지만 교통수단을 변경하게 된다. 그렇게 매일매일 한 편 정도의 영화를 보다 보니 재미있던 영화에 대한 평을 써보는 건 어떨까 싶어 영화전문 블로그를 시작하게 된다. 그런데 의외로 사람들의 반응이 좋아 영화 관련 잡지에 칼럼 기고를 요청받는 상황까지 이른다. 그녀의 삶은 예상하지 못한 형태로 계속 변화하고 있는 것이다.

다소 과장된 부분이 없지 않지만 일어날 가능성이 있는 이야기가 아닐까? 그녀에게 테블릿패드는 단순히 스마트폰으로는 부족한 기능을 보완하기 위해 추가로 하나 더 구입한 동영상 플레이어 수준이 아니다. 하나의 기기에 하나를 더했더니 1+1=2와 같은 결과가 아니라 700, 혹은 투 잡Two job 과 같은 새로운 상황으로 변해가는 것이다. 미디어의 영향력을 이러한 관점에서 본다면 세상은 완전히 다르게 보이게 된다. 따라서 우리는 새로운 미디어 앞에 겸손해야 한다. 완벽한 통제권을 갖고 있다고 오판하고 자만해서는 안 된다. 완전한 통제란 불가능하며, 존재하지도 않기 때문이다.

미디어,
네 녀석이 죄인이다

잘 하면 내 탓, 잘못 되면 미디어 탓?

문제가 발생했을 때 남 탓을 하는 것은 아주 쉽다. 문제로 인한 고통으로부터 스스로 자유로워질 수 있기 때문이다. 그런데 인간 사이의 관계에서 다른 사람을 탓한다는 것은 쉽지 않다. 문제의 원인이라며 지목 당한 사람이 그것을 순순히 받아들일 일이 없기 때문이다. 하지만 그것이 인간이 아니라 다른 사물이라면 이야기는 달라진다. 예를 들어 미디어라면 말이다.

"휴대폰 사줬더니 성적만 떨어졌어요.
하라는 공부는 안 하고 맨날 휴대폰만 들고 살아요."

– 고심 끝에 중3 아들에게 휴대폰을 사준 어머니의 한숨 –

휴대폰 사주면 열심히 공부하겠다는 아이의 호언장담. 그 말을 믿고 휴대폰을 사줬다가 엉뚱한 결과를 손에 받은 한 어머니는 푸념한다. 아이는 열심히 노력하겠다는 약속으로, 대가로 휴대폰을 원했고 어머니는 그에 대한 선(先) 보상으로 휴대폰을 사주었다. 하지만 아이는 그 약속을 지키지 못했다. 약속을 지키지 못한 것만이 문제가 아니었다. 심지어 어머니는 성적이 떨어진 원인으로 휴대폰을 지목하기에 이른다. 그런데 잠깐 생각해 보자. 휴대폰의 기능은 다른 누군가와 통화하고 이야기를 나누는 것일 뿐인데, 휴대폰이 무엇을 어쨌길래 성적을 떨어뜨린 주범으로 몰리고 있는 것일까? 아이는 휴대폰으로 도대체 무슨 일을 한 것일까?

"엄마, 나 차 한 대 뽑아주면 안 될까?
요즘 여자친구 사귀려면 자동차는 필수야~"

– 모태솔로 35살 노총각의 호기로운 주장 –

크리스마스 이브임에도 소파에 퍼져 앉아 TV채널만 돌리고 있는 노총각 아들을 보다 못한 어머니가 핀잔을 던진다. 사지가 멀쩡한 녀석이 이런 날 데이트도 없느냐고…. 그랬더니만 대뜸 한다는 소리가 자동차를 사달란다. 어머니는 말문이 막힌다. 자동차회사에서 차를 사면 데이트 상대를 소개해주는 것도 아니고…. 그런데 생각해 보니 아들의 이야기도 아주 틀리지는 않은 것 같다. 어머니는 아들에게 차를 사줘야 하나 고민하게 된다. 그런데 이들의 대화를 다시 짚어보자. 차는 그냥 교통수단일 뿐인데, 한가한 크리스마스 이브에 대한 핑계거리가 될 수 있다는 것인가? 만약 그렇다면 자동차는 정말 위대한 발명품이라고 할 수밖에 없지 않을까 싶다.

원래 미디어의 역할은 그게 아니었는데?!

웃자고 하는 이야기이지만, 사실 우리 주변에서 흔하게 접할 수 있는 대화들이다. 이처럼 사람들은 미디어에게 죄를 묻곤 한다. 마치 문제의 원인이 해당 미디어를 손에 쥐게 되면서 발생하는 문제처럼 몰아가는 경우가 많다. 위의 에피소드에 나온 수준을 넘어 게임을 많이 하면 폭력적 범죄자가 될 가능성이 높다고 보는 시각도 유사한 프레임에 의한 관점이다.[5] 이러한 관점으로 미디어에 언도하는(?) 죄명 또한 미디어의 본질적 기능과는 상당히 멀리 떨어진 영역에서 찾는 경우가 많다. 휴대폰은 커뮤니케이션의 도구일 뿐인데 학업과 휴대폰을 연결하는 경우도 그러하며, 여자친구와 자동차를 연결한 경우는 그 간극이 더 넓다. 어지간해서는 넘나들 수 없는 영역들을 미디어를 다리 삼아 넘나들고 있

---

5 게임과 폭력성 사이의 관계는 상관 관계를 보이는 부분이 있다. 폭력적 게임을 즐긴다고 해서 모든 사람이 폭력성을 보이지는 않지만, 그럴 가능성이 있다는 것은 분명하다. 다만 주의해야 할 것은 특정한 개인의 폭력성 발현이 폭력적인 게임을 해서 그렇다는 식의 일반화는 피해야 할 것이다.

는 것이다. 이처럼 어떤 미디어, 혹은 기술들이 필요한 이유와 영향력에 대해 이야기하다 보면 그 본디 기능이나 역할은 뒷전이 될 때가 있다. 왜냐하면 그것이 우리의 삶 속에 일부로 들어왔을 때, 그로 인해 발생할 수 있는 사건들은 너무나 다양하며 때론 전혀 예상하지 못했던 일들의 동인으로까지 작동할 수 있기 때문이다. 미디어가 인간이 만들어가는 생태계 안에 들어와 또 하나의 공존하는 생명체가 되는 것이다. 그렇다면 미디어는 이러한 힘을 과연 어디서 얻으며, 어떻게 작동하는 것인가 돌아보지 않을 수 없다.

연애편지는
연필로 써야 하는 이유

연필이 사람 설레게 하네?

우리가 잘 아는 유행가 중에 이런 가사가 있다.

> "꿈으로 가득 찬 설레이는 이 가슴에 사랑을 쓰려거든 연필로 쓰세요.
> 사랑을 쓰다가 쓰다가 틀리면 지우개로 깨끗이 지워야 하니까."

―전영록, 사랑은 연필로 쓰세요[QR08] 中

[QR08]
전영록 - 사랑은
연필로 쓰세요

사랑을 쓰려면 연필로 쓰란다. 연애편지를 쓰는 데 연필로 쓰든, 볼펜으로 쓰든 그 내용에 차이가 있을까? 쓰고자 하는 말은 이미 마음 속 깊은 곳에 담겨 있고, 그걸 꺼내 쓰기만 하면 될 텐데 편지를 쓰는 도구가 무슨 상관이 있을까 싶다. 하지만 그 뒤에 붙는 가사를 보면 생각이 조금 달라지기도 한다. 쓰다가 틀리면 지우개로 깨끗이 지워야 하니까, 그래서 연애편지는 연필로 써야 한다는 그 말이 이해가 되기도 하는 것이다. 물론 여기서 연필이란 행여나 나

QR08 [유튜브] 전영록 - 사랑은 연필로 쓰세요

중에 헤어져야만 하는 상황이 닥쳤을 때 '잉크'로 쓴 사랑은 지우기 어렵다는 이야기 속에 녹아 있는 은유적 도구이다. 그러나 이런 시적 의미를 배제하고 보더라도 그럴 듯한 이야기임은 분명하다. 그런데 이 노래를 아래와 같은 상황 속에서 들었다고 생각해 보자.

    31살 남자 A씨는 오랜만에 상기된 하루하루를 보내고 있다. 친구들과의 술자리에서 우연치 않게 알게 된 동갑내기 S씨에게 '좋은' 마음이 생겼기 때문이다. 게다가 그녀 역시 자신에게 같은 감정을 갖고 있는 것 같다는 단서들이 하나 둘씩 발견되니 심장이 쿵쾅거리지 않을 수가 없다. 하루에도 몇 번씩 고백을 해봐야겠다고 생각은 하지만 쉽사리 움직일 수는 없는 법. 지난 시간 경험한 수많은 시행착오들을 돌이켜 볼 때 기회는 단 한 번뿐일 수도 있다는 생각이 마음을 짓누른다.
    전화에 진솔한 목소리를 담아 전할지, 편지에 적어 선물과 함께 내밀어야 할지, 아니면 아무 말 하지 않고 반지를 준비해 손가락에 끼워주는 것이 좋을지 머릿속이 복잡하기만 하다. 이러던 중 어느 주말 저녁, 둘은 흩날리는 눈발을 핑계로 만나기로 했다. 커피 한 잔 하자며 카페까지 걷던 중 길에서 오래된 노래 한 곡을 듣게 된다. 다름 아닌 전영록이 부른 '사랑을 쓰려면 연필로 쓰세요'란 곡이었다. 머릿속에 한 가지 생각이 번쩍 스친 A씨는 S씨를 데리고 근처 문구점에 들러 작은 카드와 연필을 한 자루 산다. 그리곤 다음 주에 만나자고 이야기하고 헤어졌다.

이후 일주일 동안 이 두 사람은 각각 어떤 생각과 행동을 하게 될까? 아마 S씨는 한 주 동안 온갖 생각을 다하며 지내게 될 것이다. A씨가 나에게 고백을 하려는 것일까? 만나자고 하면 흔쾌히 나간다고 해야 할까, 아니면 한번쯤 튕기면서 쉬운 사람 아니라는 느낌을 줘야 할까, 그런데 그는 정말로 나한테 좋은 마음을 갖고 있던 것이었을까 등등 수많은 생각 속에 밤잠을 설칠지도 모른다. 그 순간 정작 A씨는 그 카드에 "3,000만 원만 땡겨 줘, 한 달만 쓸게."라고 연필로 꾹꾹 눌러 쓰고 있을지도 모르는데 말이다.

미디어 자체가 곧 메시지를 결정하기도 한다

[QR09] 사랑은 연필로 써야 한다고?

S씨는 왜 A씨의 모습을 보며 자기한테 고백을 할지도 모른다고 생각을 하고 있는 것일까? 그녀가 공주병에 걸린 자아도취상태이기 때문일까? 그렇지 않다. 그녀는 지극히 정상적인 추론을 하고 있는 것이다. '사랑을 쓰려면 연필로 쓰세요'란 노래를 들은 후 연필을 사 들고 돌아간 사람을 보고서 '고백'이란 것을 생각하지 못한다면 그 역시 이상한 사람일지도 모른다. 우리가 미디어에 담긴 내용, 즉 카드를 열어 적혀진 내용을 읽어보지 않고도 단순히 연필을 사서 글을 써 전해준 카드라는 이유로 고백과 연결 지어 생각하는 이유는 두 사람 사이의 맥락 속에서 연필이라는 미디어가 이미 그 내용까지 포함하고 있었기 때문이다. 우리가 어떤 미디어를 통해 메시지를 접하

QR09 [NAVER 블로그] 사랑은 연필로 써야 한다고?

게 될 때, 꼭 내용을 통해서만 그 메시지의 의미를 확인하게 되는 것은 아니다. 내용 그 이전에, 아니 미디어 그 자체가 내용을 결정해버리는 상황을 접하게 되는 경우는 많이 존재하기 때문이다.[QR09]

〈같은 내용이라도 미디어에 따라 의미 차이가 생길 수 있다〉

3장

미디어가 말하는 방법

미디어는 인간을
한 쪽만 바라보게 한다

미디어는 편향성으로 말한다

 미디어는 인간의 삶에 직접적 영향력을 행사한다. 그리고 단순히 어떤 내용을 중립적으로 전달하는 역할을 하는 것도 아니다. 미디어는 인간 삶을 둘러싸고 있는 환경이며, 인간과 관계를 맺고 서로 영향을 주고 받는 공존의 대상이다. 따라서 미디어는 지난 역사를 통해 다양한 사회, 경제, 정치, 문화적 결과를 촉진하는 동인이 되었다. 즉, 미디어가 인간의 감각, 사고, 느낌, 인식, 사회 문화적 경험 등을 어떻게 조건 짓고, 어떤 변화 과정을 돕고 있는지 살펴볼 필요가 있다. 미디어의 이러한 특성을 전문용어로는 '편향성Bias'이라고 부른다.

 편향성이라고 하면 어렵고 생소하다고 느낄지 모르겠지만 사실 그렇지 않다. 우리는 이미 오래 전부터 편향성의 개념을 경험적으로 깨닫고 있었기 때문이다. 쉽게 말해 바로 "망치를 든 사람에게는 모든 것이 못으로 보인다."는 말이 편향성을 이야기하는 대표적 사례다. 연필을 가진 사람은 모든 것을 글로 쓰려고 하고, 카메라를 가진 사람은 모든 것을 이미지로 표현하려고 하며, 컴퓨터를 가진 사람은 모든 것을 디지털 방식으로 처리하려고 하듯이, 미디어가 현실에 대한 개념을 구성하고 특정한 것에 가치를 더 부여하며 독특한 태도를 확대시키는 역할을 한다는 것을 의미한다. 사람마다 선호하는 미디어가 있게 마련인데, 그런 선호가 생기는 원인과 결과를 잘 살펴보면 편향과 관련된 요인들을 발견할 수 있다.

이러한 편향의 문제는 인간이란 존재가 미디어를 통해 대상을 지각하는 과정에 문제점이 발생할 수 밖에 없다는 전제를 깔고 있다. 인간이 오감을 통해 직접적으로 어떤 사물을 인식하게 되면 편향의 문제에 덜 노출된다. 하지만 중간에 미디어가 끼게 되면 미디어가 갖고 있는 편향에 의해 사물을 왜곡하여 인식하게 되는 것이다. 왜곡이란 표현이 다소 민감할 수 있는데, 여기서 왜곡이란 원형을 훼손한다는 의미보다는 실체를 있는 그대로 받아들이지 못하게 한다는 의미로 이해하면 된다. 즉, 미디어는 특정 대상을 반영, 모사, 혹은 재현하고 인간은 감각을 통해 그것을 인지하게 되는데, 이러한 과정에서 실체와 인식 사이에 '거리'가 발생하는 것이다.

편향성은 미디어와 인간 사이 '인식의 거리' 때문에 발생한다

인간이 특정 대상을 인식할 때 미디어가 어떤 역할을 하는지 다음의 그림을 통해 찬찬히 살펴보자. 인간과 대상 사이에 미디어가 있고, 인간은 감각을 활용하여 미디어를 통해 대상을 지각한다. 이때 미디어는 해당 미디어의 성격에 맞게 대상을 재구성하게 되는데, 대상을 있는 그대로 재현한다기보다는 미디어가 표현할 수 있는 수준에서 재현하게 된다. 예를 들어 책과 같은 미디어는 글자와 이미지 등 시각적 요인을 활용하여, TV는 시각적 요인과 청각적 요인 등 두 가지 요소를 활용하여 대상을 재현하게 되는 것이다. 이때 현재의 기술로 책 그 자체만으로는 청각적 정보를 재현하기 어렵다. TV를 통해 후각이나 촉각을 자극하는 것도 불가능하다. 그저 미디어가 표현 가능한 방법에 따라 대상이 그려지는 것이다. 또한 정보를 담고 있는 미디어의 소재도 중요한 역할을 한다. 전파와 같이 무게를 말할 수 없는 것과 종이로 만들어진 책의 사이에는 미디어의 성격을 가르는 중요한 차이가 있을 수 있다. 이런 다양한 요인들이 고려되어 미디어가 대상을 재현해내면 인간은 미디어의 특성에 자신의 감각을 맞추어 대상을 인식한다. 눈이나 귀, 혹은 다른 감각들을 활용하여 그 대상을 간접적으로 경험하게 된다.

이처럼 미디어를 통해 재현된 대상은 전체적인 관점에서 인식된다기보다는 미디어가 가지고 있는 제한점들, 그리고 자극할 수 있는 특정 감각들을 중심으로 대상을 그려낸다. 따라서 미디어에 의해 재현되기 이전의 상태, 바로 코앞에서 보고, 만지고, 듣고, 맛을 보고, 냄새를 맡는 공감각적 인지를 시도할 수 없게 되는 것이다. 이 부분에서 편향성이 발생하게 된다.

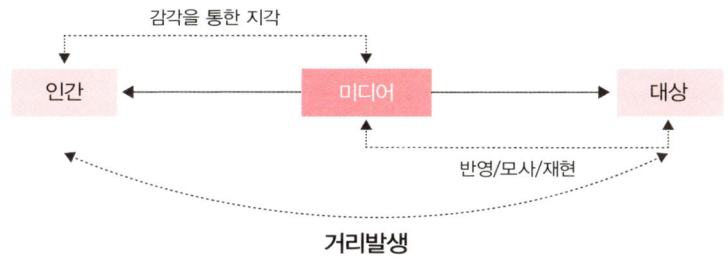

〈편향성이 발생하는 원인〉

실제 예를 들어 보자. 인간은 멋진 바다의 풍경을 직접 보면 선명한 색감, 냄새, 그리고 파도소리 등을 받아들이기 위해 모든 감각을 동원한다. 하지만 사진으로 찍은 바다를 본다면 시각적으로 멋진 풍경이 인식될 수 있긴 하지만 다른 요인들은 재현될 수 없다. 같은 시각적 방법이라도 동영상으로 바다를 찍어 온다면 조금 상황은 나아진다. 현장감이나 실제감이 살아나 정지된 이미지로는 부족했던 감동들이 솟아날 수도 있기 때문이다. 아래 사진과 QR코드의 동영상을 통해 이러한 차이를 직접 경험해보자.[QR10]

〈보라카이 해변〉

QR10 [유튜브] Boracay Trip | Philippines 2015

또 다른 예를 하나 더 들어보자. 호랑이라는 대상을 미디어에 담아 전달하려고 한다. 호랑이에 대한 관찰 결과를 글과 그림으로 작성하여 가로 및 세로 길이가 각각 1m 정도 되는 돌판에 새겨 넣었다고 한다면 내가 만들어낸 호랑이에 대한 '정보'는 내가 살고 있는 동네 밖으로 전달하기 어려울 것이다. 그래서 이번에는 호랑이에 대한 정보를 소리형태로 만들어 호랑이가 우는 소리와 호랑이의 생활습성을 정리하여 녹음하였다면, 라디오와 같은 미디어를 통해 먼 곳에 사는 사람들에게까지 전달할 수는 있겠지만, 그 음성정보만으로 호랑이가 어떻게 생겼는지 짐작하기는 쉽지 않을 것이다. 똑같이 호랑이라는 정보를 담는다고 할지라도 어떤 미디어를 활용하느냐에 따라 전달범위, 전달수준 등은 확연한 차이를 보이게 된다. 이처럼 미디어는 그 자체로 편향성을 가질 수밖에 없으며, 인간은 이러한 편향성에 대해 개념을 모른다고 하더라도 이미 커뮤니케이션 과정 속에서 그 존재를 체감하고 있다.

고려 금속활자 vs 구텐베르크 금속활자, 어떤 것의 영향력이 더 컸을까?

이러한 미디어의 편향성은 역사적으로 중요한 의미를 갖는 사건들과 연관되어 있기도 하다. 편향성의 대표적인 사례를 꼽으라면 구텐베르크의 인쇄술을 거론하는 경우가 많다. 구텐베르크란 사람은 사실 한국 사람들에게는 무척 익숙한 이름이다. 탁월한 업적을 거둔 사람이라는 이미지보다는 고려의 금속활자보다 한 발 늦게 금속활자를 만드는 바람에 우리나라의 인쇄기술을 더욱 빛나게 만들어준 인물이란 느낌을 갖고 있다. 만약 구텐베르크가 아니었다면 고려 금속활자의 역사적 의의가 다소 빛이 바랬을지도 모른다. 대부분의 한국 사람들이 갖고 있는 구텐베르크에 대한 생각은 이 정도인 경우가 많다. 그러나 세계적 관점에서 구텐베르크란 사람을 조명해본다면 우리가 알고 있는 바와는 분명 차이가 있다.

역사적 기록으로 볼 때 금속활자는 분명 우리나라 사람들에게 자부심과 자긍심을 느끼게 하는 사건이다. 다만 그것이 인류 역사에 갖는 의의로 볼 때 고려 금속활자의 가치는 또 다른 평가를 받기도 한다. 즉, 1234년에 만들어졌다고 알려진 '고금상정예문(古今詳定禮文)'에 대한 기록은 금속활자 기술의 연대 상 고려가 세계에서 가장 빠르다고 밝힐 수 있는 근거가 된다. 그러나 그것이 구텐베르크의 금속활자보다 가치 있게 쓰였는지, 인류 역사에 중요한 영향을 미쳤는지 말하기에는 부담이 따른다. 다소 늦었다고 보이지만 구텐베르크의 인쇄술은 세계 역사에 길이 남을 혁혁한 사건의 발화점이 되었기 때문이다.

[QR11]
구텐베르크 인쇄기

구텐베르크가 만든 금속활자기술은 성경을 찍어내는 데 사용되었다.[QR11] 이전의 성경은 보통 손으로 옮겨 적은 필사본이었다. 필사본 성경은 필사 전문가가 적는다고 해도 1권을 만들기 위해 최소한 4~5개월이 걸렸을 뿐만 아니라 사용되는 양피지를 얻기 위해 최소 25마리 정도의 양을 희생시켜야 했기 때문에 가격도 대단히 비싼 편이었다. 따라서 성경을 개인이 소유하기란 사실상 어려웠다. 이러한 희소성 때문에 성경을 가지고 있다는 것 자체가 권위 있는 사람이라는 반증이 될 수 있었다. 따라서 당시 성경을 갖고 있는 사람들은

QR11 [유튜브] Gutenberg, l'inventeur de l'imprimerie

주로 성직자나 권력자로 한정될 수밖에 없었다. 상황이 이렇다 보니 일반 민중들은 성경을 가진 사람, 특히 사제가 풀어주는 성경 이야기를 곧 진리라고 받아들일 수밖에 없었다. 그 이야기가 맞는지 판단할 수 있는 기준이 없었기 때문이다.

그러나 금속활자가 발명된 이후 상황은 달라졌다. 성경을 만드는 데 들어가는 노력과 비용이 낮아지면서 대중들에게도 성경이 보급되기 시작한 것이다. 성경이 대중의 손에 들어가기 시작하면서 일반인들도 성직자나 통치권자의 입을 거치지 않고 직접 하나님의 말씀을 접할 수 있게 되었다. 즉, 성경을 자신의 견해로 읽고 해석할 수 있는 환경이 만들어진 것이다. 그러면서 이전에 성직자들이 했던 말들이 성경의 내용과는 다른 것들이 많았다는 것을 깨닫게 된다. 이러한 환경에서 마틴 루터 Martin Luther가 면죄부 판매에 대한 저항으로 종교개혁을 주창했을 때, '성경으로 돌아가자.'라는 기본 철학을 꺼낼 수 있게 된 것이다. 만약 금속활자가 없었다면 성경은 여전히 고가의 소수 권력자들의 전유물로 남아있었을 것이고, 성경에 뭐라고 적혀 있는지 알지 못하는 대중들은 루터의 주장에 동조할 수 없었을 것이다. 자연스럽게 종교개혁도 멀어지게 될 수 있었다.

이처럼 금속활자 인쇄술 자체가 서구 역사를 뒤흔든 핵심적 요인으로 작용했다. 앞서 말했던 것처럼 미디어로서 금속활자가 사회변동의 원인이 된 중요한 사례라고 할 수 있다. 편향성은 이러한 구텐베르크의 인쇄술이 갖는 영향력에 맥을 같이 한다.

미디어가 연주하는
편향의 3중주를 듣다

편향의 3중주는 각기 다른 관점에서 비롯된다

[QR12]
현악 3중주

음악에서 3중주란 세 개의 독주 악기에 의한 실내악 중주를 말한다.^QR12 보통 3중주라 하면 피아노, 바이올린, 첼로가 함께 하는 것이 가장 대표적이다. 앞서 미디어가 만들어내는 편향성에 대해 이야기를 나누었는데, 편향성에도 음악에서의 삼중주처럼 세 가지 주요한 요인들을 끌어낼 수 있다. 관점에 따라 시·공간적 편향성, 감각적 편향성, 그리고 마지막으로 구술성과 문자성에 따른 편향성 등 세 가지로 나눈다.

첫 번째는 시·공간의 관점이다

먼저 시·공간적 편향성부터 살펴보자. 이것은 캐나다의 경제학자이자 커뮤니케이션 분야의 선구자적 역사학자였던 헤럴드 이니스^Harold

---

QR12 [유튜브] 브람스 피아노 3중주 1번 4악장 – 정경화, 정명화, 정명훈

Innis[6]가 주장한 것이다. 편향성을 미디어가 갖고 있는 물리적 속성으로 바라보고 그에 따른 역사적 특징들을 밝혀낸 것이다. 즉, 편향성을 시간 편향성과 공간 편향성으로 나누게 되는데, 미디어가 '쉽게 손상되지 않는가' 혹은 '들고 다닐만 한가?'라는 기준을 통해 구분했다고 보면 된다.

시간 편향성은 미디어의 무게가 무거울 때 발생한다. 미디어가 무겁다는 것은 강하고 튼튼한 소재들이 바탕이 되었을 가능성이 높다. 이런 경우 정보를 유지하고 보존하는 데 장점이 있지만 이동성이 떨어지기 때문에 좁은 지역에서만 영향력을 발휘하게 된다. 앞서 잠시 '돌판에 호랑이 특성 기록하기'를 예로 든 적이 있었는데, 바로 그러한 것이 시간 편향적 미디어라고 할 수 있다. 돌로 만들었으니 잘 손상되지는 않고 오랫동안 유지될 수 있겠지만, 여기저기로 들고 다닐 수는 없는 것이다. 따라서 이러한 시간 편향적 미디어의 경우 위계질서, 역사와 전통의 유지 등에 관계를 갖게 되고 특히 종교에 기여하는 경향을 보인다. 대표적인 사례가 성경에 나오는 십계명이다. 십계명은 모세가 시내산에 올라가 하나님의 명령을 받아 적은 것인데, 내용을 돌판 위에 기록한 것으로 전해진다. 주변에 흔하게 가공할 수 있는 나무나 흙 덩이들이 있었을 것인데 굳이 돌판에 기록한 이유는 그 내용이 오랫동안 유지되어야 하기 때문이었으리라. 이러한 시간 편향적 미디어는 주로 수메르, 이집트, 바빌로니아 등 세계의 첫 번째 문명들의 발전에 기여했다.

반면에 미디어의 무게가 가벼우면 공간 편향성을 띠게 된다. 가볍다

---

6 헤럴드 이니스는 사회적 변화의 근본 동력이 커뮤니케이션 형태에 의하여 결정된다고 보았다. University of Toronto에서 활동하며 마샬 맥루한과 교류하였으며, 말년의 10여 년을 커뮤니케이션 연구에만 전념하였다.

는 것은 곧 들고 다니기 편하다는 것을 의미한다. 파피루스나 종이와 같은 미디어들이 이러한 공간 편향성을 띠고 있는 미디어이다. 이러한 미디어들은 이동성이 좋기 때문에 넓은 영토를 가진 제국의 건설이나 팽창에 밑거름이 되고, 규칙이나 법률 등을 기록하는 데 사용되었다. 대표적인 사례가 로마법의 유통과 대제국의 건설 과정이다. 로마는 로마시민에게 적용되었던 시민법과, 로마가 지배했던 이민족에 대하여 적용되었던 만민법이 있는데 이것들은 공간 편향적 미디어에 기록되어 유통되었다. 특히 만민법의 경우 잘 발달된 도로를 따라 널리 전파될 수 있었기 때문에 원거리 통치가 가능했으며, 대제국을 이룰 수 있는 밑받침이 되었다. 이니스는 한 문명이 제대로 유지되기 위해서는 시간이나 공간에 대한 편향성이 발생하지 않고 균형이 잘 맞아야 한다고 주장했다. 만약 문명이 발달하는 과정에서 문명을 유지하고 있는 미디어의 편향이 심화되고 지속되면 결국 몰락에 이르게 된다고 했다. 즉, 시간 편향성으로 인해 정보 흐름의 유연성이 막혀버린다든지, 공간 편향성으로 인해 지속적인 정보의 유통이 틀어져버리면 결국 문명의 존립에 문제가 발생할 수 있다는 것이다. 이처럼 미디어의 편향성과 문명의 성립 및 쇠락을 연결하기도 한다. 다음의 표는 이러한 시간 편향적 미디어와 공간 편향적 미디어의 특성을 간단하게 정리한 것이다.

〈시간 편향적 미디어와 공간 편향적 미디어의 특성〉

시간 편향적 미디어	공간 편향적 미디어
양피지, 진흙, 돌	종이, 파피루스
위계질서	분권
수축	팽창
구어적 전통	문자 문화
역사/전통에 대한 관심 배양	제국의 성장
종교에 기여	세속적 정치권력 수립에 기여
윤리 강조	과학과 기술 강조
과거 지향	미래 지향

두 번째는 감각의 관점이다

다음으로는 감각적 편향성이다. 맥루한이 주장한 이것은 특정 감각을 통해서 세상을 인식하면 있는 그대로가 아니라 왜곡된 모습으로 지각하게 된다는 것이 요지다. 사실 편향성이 무엇인지 피부에 가장 쉽게 와 닿는 내용이라고 할 수 있다. 먼저 감각적 편향을 정리한 다음 그림을 한번 보자.

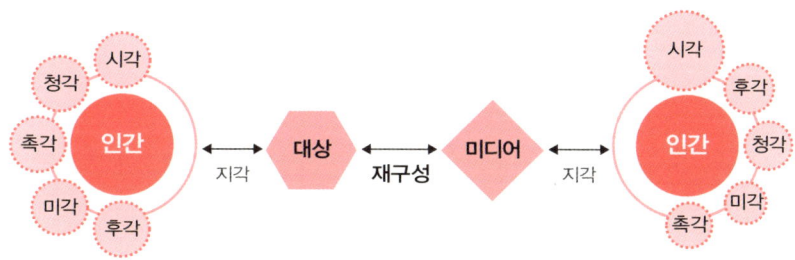

〈감각적 편향의 구조 : 시각 편향의 경우〉

인간은 시각, 청각, 미각, 촉각, 후각 등 오감을 갖고 세상을 인식하게 되는데 각각의 감각은 독립적인 것이 아니라 상호의존적인 관계다. 즉, 어떠한 대상을 올바로 인식하기 위해서는 오감을 적절히 활용해야지만 가능한 것이다. 그런데 인간이 미디어를 통하여 대상을 인식할 때, 미디어는 서로 다른 감각의 배합 비율을 발생시키게 되어 편향성을 일으킨다는 것이다. 앞서 나왔던 것처럼 호랑이를 설명하기 위해 음성만을 활용했을 경우 벌어지는 상황에 대한 이야기도 여기에 적용해 볼 수 있다. 미디어는 그 미디어가 가진 속성에 의해 대상을 재현하기 때문에 인간의 오감을 모두 사용하도록 하지 못한다. 직접 옆에서 보고 경험하는 것이 아니라면 인간의 오감이 모두 발휘되는 상황은 만들기 대단히 어렵기 때문이다.

만약 앞서 소리로만 호랑이를 설명하는 것이 아니라 영상 미디어로 호랑이를 설명한다고 하면 상황은 조금 나아졌을 것이다. 비디오 카메라로 호랑이의 역동적인 사냥 모습, 늠름한 자세와 도도한 걸음걸이 등을 촬영하여 전달한다면 호랑이를 이해시키기가 보다 쉬웠을 수 있다. 하지만 그렇게 전달한다고 할지라도 호랑이가 사는 기후나 환경이라든지, 호랑이에게서 나는 특유의 냄새와 같은 촉각적 정보와 후각적 정보 등은 담아낼 수 없다. 즉, 미디어의 특성에 따라 저마다의 방법으로 내용을 전달하는 까닭에 재현 가능한 특정 방법만을 사용하는 것이다. 이는 마치 장님이 코끼리를 만지며 저마다 자기가 손으로 느낀 코끼리의 모습이 정답이라고 말하는 상황과도 비슷하다. 만약 실제로 호랑이를 보고 온 사람이 이야기하는 호랑이와 TV나 라디오 등의 미디어를 통해 호랑이에 대해 알게 된 사람과는 차이가 있을 수밖에 없다. 아무리 뛰어난 멀티미디어 자료를 활용한다고 할지라도 현장에서 호랑이를 마주하고 관찰한 사람만큼 호랑이에 대해 정확히 안다는 것은 불가능하다.

인간은 미디어의 이러한 감각적 한계를 잘 알고 있기 때문에 어떻게든 실제감을 보다 잘 살리려고 현장의 소리를 그대로 옮겨놓은 듯한 느낌이 들도록 하기 위해 노력한다. 예를 들어 어떤 환경이나 대상을 재현하기 위해 돌비 사운드와 같은 입체적인 음향을 구현한다든지, 최근 등장하기 시작한 4D 영화관처럼 시각과 청각을 넘어 촉각이나 후각을 자극할 수 있는 새로운 기술을 개발하고 있는 것이다. 그러나 이러한 기술의 발전에도 불구하고 여전히 미디어는 인간에게 공감각적인 상태를 만들어주지 못하고 특정 감각만을 지나치게 확장시켜 감각중추가 마비되거나 불균형한 상태로 빠뜨리는 경우가 많다.

감각적 편향의 문제는 단순히 어떤 대상의 재현에만 국한되지 않는다. 조금 더 나아가 미디어가 가진 감각적 편향성에 따라 가장 유리한 형태로 정보를 재구성한다. 예를 들어 뉴스의 경우 모든 미디어의 뉴스가 동일한 기준으로 뉴스를 다루지 않는다. 동영상으로 뉴스를 제공하는 TV뉴스의 경우 신문과 같은 다른 뉴스 미디어에 비해 시각적 특성이 강하다. 때문에 소위 '볼만한 그림'이 많은 내용을 중심으로 뉴스를 구성하고자 한다. 천재지변으로 인한 재난, 많은 인명이 죽거나 다치는 대형 사고 혹은 분쟁지역에서의 전쟁 등의 사건이 발생하면 그날의 뉴스방송시간의 1/3은 해당 사건에 대한 소재들로 가득 채워진다. 온갖 자극적인 영상들과 함께 말이다.

[QR13] 걸프전 당시 CNN 보도영상

대표적인 사례가 미국의 케이블 뉴스 채널인 CNN이다. 오늘의 CNN이 있을 수 있었던 것은 1990년대 초반 벌어진 걸프전 때문이었다.^{QR13} CNN은 걸프전의 현황을 카메라로 상세히 다루었고, 시청자들은 안방에 앉아 게임의 한 장면을 보듯 미국의 가공할 만한 폭격상황을 전달받을 수 있었다. 뉴스를 통해 전쟁의 참상이나 심각성이 드러나는 것이 아니라 멋진 자태를 뽐내며 하늘을 가르는 미사일과 전투기의 모습에 초점이 맞춰져 버린 것이다. CNN의 이와 같은 방식의 성공은 뉴스의 형태에 많은 영향을 끼쳤다. 뉴스 제작자들은 시청자들의 시선을 잡기 위해 더 가벼워지고, 더 시각적으로 바뀌며, 더 자극적으로 화면을 만들기 위해 노력하고 있다. 이렇게 되면 뉴스가 본래 추구해야 할 적절한 내용 선택을 할 수 없어진다. 중요도가 높다고 하더라도 그림이 나올 만한 것이 아니라면 비중이 줄어들거나, 심지어 방송에서 배제될 가능성까지 내포하게 된다. 이처럼 미디어의 감각적 편향성은 현재를 살아가는 우리의 삶 가까운 곳에 있으며, 인간이 미디어를 통해 세상을 인식하는 데 큰 영향을 끼치고 있다.

세 번째는 언어의 관점이다

마지막으로 구술성과 문자성에 따른 편향성이다. 이러한 편향성을 주장한 사람은 월터 옹^{Water J. Ong}이었다. 예수회 신부이자 영문학자였던 그는 베어컨, 데카르트에게 영향을 준 라무스 연구의 제1인자로 세계적

QR13 [유튜브] Iraqi air defense responds to American cruise missiles in 1993

으로 저명한 인물이다. 마샬 맥루한에게도 많은 영향을 주었다고 알려져 있다. 그는 말과 그 표현 수단과의 관계가 인간의 사고에 끼친 영향이 최대 관심사였기에 말과 글에 초점을 두어 편향성을 설명하였다. 구술성과 문자성에 따른 편향성은 이후 이 책에서 다루고자 하는 내용에 중요한 관점을 제공한다.

먼저 구술문화는 청각의 시대로, 소리를 통해 전달되는 내용은 소리가 나는 그곳의 분위기와 더해져 생생한 현실 경험을 전달한다고 보았다. 또한 말이나 소리라는 것은 발음되는 순간 사라지지만 세계에 대한 인식 형성에는 문자보다 더 큰 역할을 했다고 주장했다. 고대 그리스 시대에 광장을 중심으로 한 웅변문화가 강했던 것을 떠올려 보면 보다 쉽게 이해할 수 있다. 웅변이란 단순히 하고 싶은 말을 읊조리는 것이 아니었다. 말을 통해 중요한 부분을 두드러지게 하고, 말하는 사람의 감정을 느끼고 공감할 수 있도록 하는 말하기였다. 당연히 상황과 맥락이 살아 숨쉬는 생생한 말하기가 되었다.

이에 반해 문자문화는 시각의 시대로, 말이 공간에 멈춰 시각화되어 현실감이 떨어졌다는 것이다. 사실 문자가 시각적이라고 한다면 고개를 갸우뚱하는 사람도 있을지 모르겠다. 시각적이란 단어를 주로 이미지나 동영상에 관한 특징을 이야기할 때 사용했기 때문이다. 그러나 문자라는 것을 인식하기 위해서도 시각적 감각이 활용되어야만 하기에 시각적이라고 말하는 것이다. 이렇게 문자를 통해 시각화되는 과정에서 현장감이 떨어지며, 맥락이 취약해진다. 사용되는 감각 역시 시각적 영역에만 치중되기 때문에 대상을 인식하는 데에도 자연스럽지 못하다. 다만 시·공간적 제약에 묶여 있던 내용은 그 한계를 벗어날 수 있다는 장점은 생기게 된다. 그 결과 문자문화의 총아인 책이 등장하게 되며, 책을 통해 지식은 계속 해서 저장 및 발전할 수 있는 기반을 다지게 된다. 구술문화와 문자문화를 비교해 보면 다음의 표와 같다.

〈구술문화와 문자문화의 비교〉

구술문화	문자문화
첨가적	종속적
감정이입, 참여적	객관적 거리 유지
즉시성	비즉시성
진보적, 상황의존적	보수적, 전통적
현재 중심	과거 중심

옹은 구술을 사용하느냐, 문자를 사용하느냐에 따라 인간의 의식 자체가 달라진다고 주장했다. 문자가 사람들의 의식을 재구성하기 때문이다. 글자를 읽고 쓸 줄 아는 사람과 그렇지 못한 사람의 차이는 단지 말에 의존하느냐 글에 의존하느냐의 차이가 아니라 그 두 사람의 사고방식과 인식체계 자체를 다르게 만든다는 것이다.

[QR14]
'생각하지 않는 사람들' 저자 니콜라스 카 강연

이러한 옹의 시각을 현대적으로 반영한 사람이 니콜라스 카[Nicholas Carr][7]다. 세계적 경영컨설턴트이자 「이코노미스트」가 뽑은 글로벌 CEO 132인 중 한 명인 그는 명쾌하지만 심도 있는 글과 말솜씨로 유럽, 아시아 등 세계 각국을 돌아다니며 산업계와 기업 그리고 전문가 집단에서 강연했을 뿐만 아니라 MIT, 하버드대학교, 와튼 스쿨, 하버드 케네디 스쿨, NASA, 연방준비은행 등에서 강연하기도 했다. 그는 대표작 『생각하지 않는 사람들[The Shallows]』이란 책을 통해 인터넷이 우리의 뇌 구조를 바꾸고 있다고 말했다.[QR14] 다양한 신경과학적 이론들을 활용하여 인터넷은 단순한 정보 유통의 수단이 아니며, 뇌를 변화시키는 요인으로 작용한다는 주장을 폈다. 이 책에서 그는 편향성이란 표현을 하지는 않았지만 인터넷이란 미디어가 어떠한 편향성을 갖고 있는지, 그리고 그것에 의해 어떤 결과들이 초래되었는지를 심도 있게 다루었다. 이와 관련된 내용들은 다음 장의 내용을 통해서 조금 더 세밀하게 살펴보도록 하자.

---

7 니콜라스 카는 2005년 「옵티마이즈(Optimize)」가 선정한 선도적인 정보기술 사상가들 중의 한 명으로 뽑혔고, 2007년에는 「e위크(eWeek)」가 선정한 IT 계의 가장 영향력 있는 인물 100인에 뽑히기도 했다. 「하버드 비즈니스 리뷰(Harvard Business Review)」의 편집장을 지냈으며 「파이낸셜타임스」 「가디언」 「뉴욕타임스」 「비즈니스 2.0」 「와이어드」등 수많은 매체에 글을 발표하며 비즈니스계에 영향을 끼치고 있다. 다트머스대학교와 하버드대학교 대학원을 졸업했으며, 한때 메르세르(Mercer) 경영컨설팅 회사의 대표를 역임하기도 했다. 현재는 브리태니커 백과사전의 자문 편집위원으로 있다. 『생각하지 않는 사람들』이란 책으로 탁월한 미래학자로서 자리매김하였으며, 이후 『유리감옥』이란 후속작으로 저술 활동을 계속하고 있다.

QR14 [유튜브] SDF2011 The Shallows – The Mind in the Net_Nicholas CARR

인터넷이
지휘봉을 들다

인터넷의 편향성은 복합적 성격을 띤다

편향의 3중주는 그동안 여러 미디어들이 앞장 서서 지휘봉을 들었었다. 시대별로 가장 중요한 역할을 했던 미디어들이 그 역량을 마음껏 펼쳤던 것이다. 이제는 그 지휘봉을 인터넷이 이어 받았다. 편향의 3중주 앞에서 인터넷은 어떠한 퍼포먼스를 펼칠 것인가?

인터넷이 만들어내는 편향성을 한마디로 정리하자면 구술성과 문자성을 고루 갖춘 복합적 성격의 편향성을 띠고 있다고 말할 수 있다. 인터넷이란 미디어 자체가 한 가지 내용으로 그 특성을 정의할 수 없는 것처럼 편향성의 부분에서도 다른 미디어들과는 다른 남다른 특성을 보인다. 시·공간성 부분에서도 여러 차원이 보이며, 감각적 부분에서도 다양한 경험들을 하도록 만든다. 또한 가장 중요하게 다룰 구술성과 문자성 부분에서는 문자성과 구술성이 각기 저마다의 형태로 나타나는 것이 아니라 문자성에 기반한 구술성이라는 독특한 성격을 내보이기도 한다. 이러한 내용을 간단하게 정리하면 다차원적 시·공간성, 감각적 경험의 다차원성, 문자성에 기반한 구술성 등으로 말할 수 있다. 한 가지씩 차례로 살펴보자.

인터넷에서의 대화는 '동시적'이지만 '순차적'이기도 하다

먼저, 다차원적 시·공간성이다. 인터넷은 동시적, 순차적, 상황적 의미가 강하다. 어떤 미디어보다 빠른 속도로 커뮤니케이션 대상 간에 정보를 교환할 수 있도록 만든다. 그러면서도 동시에 일어난다기보다는 양측 대상이 서로 교차하며 정보를 교환하게 한다. 또한 커뮤니케이션 자체가 독립적으로 분리시킬 수 있는 형태가 아니라 하나로 묶인 상황으로 바라봐야 하는 특성을 갖고 있다.

이 중 가장 재미있는 부분은 동시에 있을 수 없어 보이는 두 가지 요인, 즉 동시적과 순차적의 공존이라는 것이다. 말이 다소 복잡하게 들리지만 사실 너무나 일상적인 상황에서 이러한 일이 벌어진다. 대표적인 경우가 카카오톡이나 라인과 같은 인스턴트 메신저 서비스를 통해 커뮤니케이션 하는 것이다. 다음 에피소드를 한번 살펴보자.

36살 남자 K씨는 얼마 전 친한 고등학교 동창으로부터 소개팅 제의를 받았다. 휴대폰 번호를 전달받은 K씨는 연락처에 그녀의 번호를 등록한 다음 카카오톡을 실행하였다. 친구목록에 그녀가 보이기 시작했다. 간단한 자기소개와 만날 시간과 장소를 잡기 위해 메시지를 보냈다. 나는 누구고, 어떻게 연락하게 되었으며, 언제 어디서 만났으면 좋겠냐는 가벼운 내용이었다. 그런데 이 사람으로부터 답이 없다. 다소 의아해진 K씨는 메신저에 자신이 보낸 글에 작게 달려 있는 '1'이란 숫자가 있는지 없는지 살펴보았다. 다행히 아직 있다. "바쁜가보네."라고 생각한 K씨는 메신저에 신경을 끈다. 1시간 정도 후 그녀에게 회의 중이라서 메시지를 보지 못했다며 돌아오는 토요일 저녁에 홍대 앞의 한 카페에서 만나면 어떻겠냐는 답장이 돌아왔다. K씨도 자신의 상황에 맞게 답을 보내며 약속을 조율하기 시작했다.

위의 에피소드를 보면 인스턴트 메신저 서비스를 통해 대화를 주고받는 장면이 등장한다. 일반적으로 대화라고 하면 동시적인 상황이다. 나와 대화의 대상 모두 같은 공간, 같은 시간 안에 있어야만 대화가 이루어질 수 있는 것이다. 만약 그 둘이 서로 다른 시·공간에 있다면 대화가 이루어지기 어렵다. 예를 들어 대표적인 동시간적 미디어인 전화는 공간을 초월한 커뮤니케이션을 가능하게 하지만 시간까지 초월할 수는 없다. 상대방이 전화를 하고 있는 바로 이 순간 응답할 준비가 되어있지 않다면 전화는 적합한 커뮤니케이션 방법이 아닌 것이다. 이러한 동시적 문제로 인해 커뮤니케이션 방법을 바꿔야 한다면 편지가 답이 될 수 있다. 다만 편지는 비동시적이고 순차적이며 선형적인 커뮤니케이션 형태만 가능하다.

그런데 이 두 가지 상황을 한번에 구현하는 것이 인터넷이다. 인스턴트 메신저 서비스를 통한 인터넷 커뮤니케이션은 시간과 공간 모두를 초월한 대화라는 것의 성립을 가능하게 한다. 다른 공간에 있는 누군가에게 대화를 시도하고, 즉각적으로 답이 없을 경우 그 사람이 지금 이 대화의 현장에 들어와 있는지, 아니면 다른 상황으로 인해 들어와 있지 못한지 판단할 수 있다. 만약 동시간대에 함께할 수 없는 상황이라고 판단되면 커뮤니케이션의 형태를 바꾸어 비동시적으로 전환할 수 있다. 그리고 상대방이 다시 동시간대로 들어오게 되면 재차 동시적인 커뮤니케이션을 시도한다. 이처럼 커뮤니케이션의 관계자와 대상자들이 서로의 상황에 맞추어 대화를 이어갈 수 있는 상황들을 만들어 간다. 이처럼 다차원적인 시·공간을 활용하는 경우 중요한 것은 '접속' 여부이다. 커뮤니케이션에 참여하는 사람들이 모두 함께 접속할 수 있는 상황인지를 확인해야 하는 것이다. 모두 접속이 가능한 상태라면 그것이 동시적이든지, 비동시적이든지, 순차적이든지, 비순차적이든지 가릴 것 없이 상황과 맥락에 따라 자유롭게 커뮤니케이션의 형태를 전환하며 서로 간의 관계를 연결해갈 수 있다.

인터넷은 다양한 감각을 동시에 사용하게 한다

다음으로는 감각적 경험의 다차원성을 꼽을 수 있다. 인터넷 이전의 미디어들은 각각의 미디어들이 구현할 수 있는 감각적 특성이 분명히 존재했다. 예를 들어 라디오 같은 경우는 청각적 감각을 활용하는 것이며, 신문과 같은 텍스트 형태의 미디어들은 시각적 감각만을 활용하게 된다. TV의 경우 시각적 감각과 청각적 감각 모두를 활용할 수 있지만 동영상으로 구현된다는 제작 방법 상의 한계를 지니고 있다. 그러나 인터넷은 상황이 다르다.

일단 인터넷이 구현되는 컴퓨터라는 기기는 현대 미디어 기술의 집성체다. 컴퓨터는 텍스트를 비롯하여 이미지, 동영상 등 구현 가능한 모든 미디어의 형태를 지원한다. 따라서 이러한 컴퓨터를 기반으로 하는 인터넷의 경우도 그러한 특성들을 모두 반영할 수 있다. 초기 인터넷 서비스들은 웹 브라우저에 텍스트를 기록하는 형태가 주를 이루었다.

[QR15] 하이퍼링크

인터넷은 데이터를 주고받는 망의 용량과 속도에 영향을 받기 때문에 이 두 가지가 모두 상대적으로 열악했던 초창기에는 가장 적은 데이터를 사용하는 텍스트가 중심이 되어 자료들이 구성되었던 것이다. 그러나 망 관련 기술들이 발전하고, 대상을 구현해낼 수 있는 인터넷 관련 기술들이 등장하게 되면서 이제는 텍스트뿐만 아니라 고용량, 고화질의 동영상까지도 원활하게 구현할 수 있는 수준에 이르렀다. 모든 형태의 기술들이 동시에 한 화면 안에서 구현될 수 있기 때문에 이전의 미디어들과는 전혀 다른 문법들을 활용한

QR15 [위키백과] 하이퍼링크

결과물들이 탄생하게 된다. 동영상과 텍스트를 병기하여 정보를 제공한다든지, 혹은 하이퍼링크^{QR15}를 통해 현재 정보에 관련된 새로운 정보들을 연결해주는 기능들이 발전하는 것이다. 또한 기존의 미디어를 흡수하는 기능도 갖고 있다. 인터넷을 통해 라디오를 듣거나 TV를 보는 것도 가능해졌다.

　인터넷으로 인한 이러한 변화 중 특히 주목할만한 미디어가 바로 라디오다. 인터넷이 라디오 방송에 활용되기 전에는 청취자가 방송에 사연을 전달하기 위해 며칠씩 걸리는 우편물을 통해야 하는 것이 일반적이었다. 어떻게든 사연이 소개되었으면 하는 마음에 청취자들은 더 예쁘고 눈에 띄게 우편물을 만들어야 했다. 따라서 사연의 내용 이상으로 우편물 자체가 주목받을 수 있도록 열정을 기울여야 했다. 그런데 요즘은 판세가 달라졌다. 라디오 생방송의 경우 우편물보다는 DJ와 청취자가 실시간으로 소통하는 구조로 틀이 변했다. DJ와 작가들은 라디오 방송을 위해 만들어진 웹사이트를 지켜보며 즉각적인 반응을 보이는 청취자들의 의견을 바로 방송에 끌어온다. 공들인 우편물을 통해서, 혹은 실시간 전화 연결 정도가 전부였던 청취자 참여수준이 두세 단계 이상 격상된 것이다. 더불어 방송을 들을 수 있는 방법도 다양해졌다. 인터넷을 통한 라디오 청취가 가능해지면서 라디오가 없더라도 스마트폰이나 인터넷을 통해 라디오 방송을 접할 수 있게 된 것이다. 이러한 변화로 인해 라디오 방송의 형태 자체도 크게 영향을 받게 되었다. 이로써 라디오는 전통적인 구식 미디어로서가 아니라 현대적 미디어로 재탄생하게 되었으며, 더욱 강력한 생명력을 갖게 되었다. 이처럼 인터넷 시대의 미디어들은 감각적 경험의 구조를 다차원으로 바꾸며 이전에는 겪어보지 못했던 새로운 유형의 경험들을 만들어 간다.

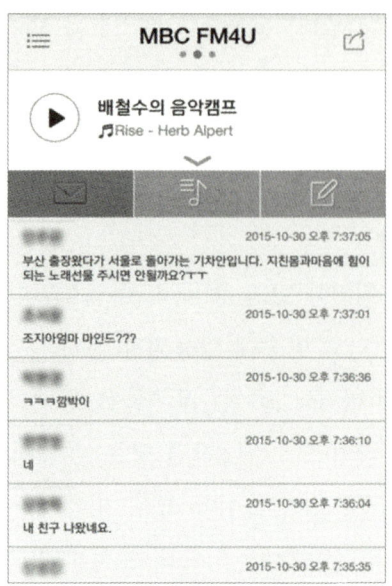

〈라디오 앱 – MBC라디오 미니〉

출처: Google Play Store https://play.google.com/store/apps/details?id=com.imbc.mini

인터넷은 글을 말하듯 쓴다

마지막으로 문자성에 기반한 구술성이다. 인터넷의 등장하기 이전의 미디어들은 꾸준히 문자성이 강화되는 형태로 발전해왔다. 문자성 확장에 불을 댕긴 인쇄술 보급 이후 많은 정보들이 문자의 형태로 변해 저장되어 왔다. 정보가 문자로 작성된다는 것은 어떤 형태로 발생된 정보든지 문법에 따라 정제되어야 함을 의미한다. 최소한 글을 쓸 수 있는 수준의 학습이 된 사람이어야만 정보의 문자화에 참여할 수 있다. 또한 많이 배운 사람일수록 더욱 수준 있는 글을 작성할 수 있었기에 지식인의 기준이 글을 잘 쓰는 사람인 경우가 많았다. 이러한 문자 중심의 흐름은 TV와 같은 전자 미디어가 등장하면서 다소 주춤거리기 시작했다. 문자가 아니더라도 정보를 유통할 수 있는 새로운 방법이 생겼기 때문이다. 그리곤 혜성처럼 나타난 인터넷은 미디어의 편향적 성격의 흐름에 일대 전환기를 이끌게 된다.

인터넷은 미디어들의 발전방향을 구술성이 회복되는 쪽으로 틀어놓았다. 자신의 일상이나 가볍고 소소한 이야기들도 정보로서 가치를 부여받을 수 있게 된다. 누구나 게시물을 만들 수 있는 쉽고 간단한 구조 덕분에 사용자들도 기하급수적으로 늘어난다. 그저 말하는 것처럼, 말한 것을 그대로 옮겨놓은 것처럼 메시지를 작성해도 게시물이 될 수 있는 시대가 되었다.

더 나아가 메시지가 기록되는 공간이 종이를 탈피한다. 더 이상 문자로 기록을 남기기 위해 종이만을 선택할 일이 없어졌으며, 다양한 가상적 공간을 활용하여 쓰기 활동이 이루어질 수 있다. 특히 쓰기가 글로 쓰는 것만을 이야기하는 것이 아니라 카메라를 통해 정지된 이미지로 만들거나 움직이는 동영상으로 담아내는 것까지도 포함하게 된다. 즉, 누구나 쉽게 메시지를 생산할 수 있는 참여성, 시각성과 청각성을 같이 지닌 공감각 활용, 모자이크적 커뮤니케이션, 그리고 즉시성과 주관성이 주요 특징이 되었다.

이러한 변화를 통해 구술성이 크게 회복되었지만 한편으로 보면 여전히 문자성에 기반한 쓰기 형태를 갖고 있다고 할 수 있다. 생성되는 메시지들은 많은 영역에서 말이 그 원형인 소리의 형태로 유통되지 않고 여전히 문자의 형태를 띠는 것이다. 소리뿐이었다면 발화되는 순간 날아가 없어져야 하지만 문자 형태이기에 메세지는 기록으로 남아 유지되고 유통할 수 있게 되었다. 따라서 여전히 문자성이 남아있는, 하지만 구술적 특성을 많이 회복한 새로운 성격의 미디어 특성을 지니고 있는 것이다.

특히 주목하는 특징은 문자성에 뿌리를 둔 구술성이다

이처럼 미디어의 편향성은 다양한 관점에서 설명할 수 있다. 시간적 혹은 공간적 편향성의 경우 역사적 사건을 통해 그 결과가 잘 드러나며, 감각적 편향의 경우 지금 이 순간에도 모든 인간들은 감각적 편향을 경험하고 있다고 말할 수 있다. 특히 구술성과 문자성으로 인한 편향은 지식의 변화와 발전에 지대한 영향을 끼쳤다. 이러한 여러 편향성의 관점 중에서 우리가 특히 주목하고자 하는 것은 구술성과 문자성, 즉 말과 글에서 오는 편향성이다. 감각의 관점을 넘어 현 시대의 미디어들이 어떤 특성을 갖고 있는지 알 수 있고, 그것이 이 사회에 미친 영향에 대해 분명한 프레임을 제시해주기 때문이다. 따라서 향후 논의들은 구술성과 문자성에 기반한 편향성을 중심으로 이야기하고자 한다.

4장

인간과 미디어 사이
커뮤니케이션의 역사

역사가 곧 최선의 단서다

과거가 곧 미래의 예언자다

> "The best of prophets of the future is the past."
> — George Gordon Byron (1788~1824)

　영국의 낭만주의 시인이자 여러 명언을 남겼던 조지 바이런은 미래에 대한 최고의 예언자로 '과거'를 꼽았다. 그뿐 아니라 많은 사람들이 역사로부터 미래에 대한 관점을 얻을 수 있음을 말했다. 그들이 역사의 중요성에 대해 주장하는 이유는 과거를 돌아봄으로써 미래의 변화를 예측하고 대응해 나갈 수 있는 적절한 관점을 가질 수 있다는 믿음이 있기 때문이다.

　이러한 관점에서 미디어가 세상을 어떻게 바꾸었으며, 또 앞으로 어떻게 변화시켜 갈 것인가에 대한 부분도 미디어의 역사를 통해 들여다볼 수 있다. 미디어가 주요한 영향력을 행사하는 커뮤니케이션 영역을 중심으로 그 역사를 되짚어보고, 특정한 미디어가 주류를 이루던 당시의 사회문화적 현상들을 살펴봄으로써 현대의 미디어가 이 시대를 살아가는 사람들에게 주는 시사점과 갖추어야 할 능력에 대한 단서를 발견할 수 있다.

커뮤니케이션의 역사, 출발점을 어디로 볼 수 있을까?

그렇다면 미디어와 커뮤니케이션의 역사를 어떻게 들여다 볼 수 있을 것인가? 역사를 되짚어보기 위해서는 그 출발이 어디인지 분명히 해야 한다. 문명의 역사를 말할 때도 그 출발지가 어디인지, 혹은 그 기기 혹은 재료를 사용한 문명의 시작점이 언제인지를 중요하게 생각하기 때문이다. 흔히 말하는 세계 4대 문명의 이름은 그 문명이 발생한 근원지의 이름을 따서 부르고 있으며, 구석기-신석기-청동기-철기 등 기기로 인해 이름 지어진 역사적 흐름의 경우에도 각각의 기간의 전환시기가 언제인지가 의미 있다. 이에 기존에 알려진 최초의 역사적 흔적을 넘어서는 더 오래된 증거물들이 등장할 때 학계는 크게 요동한다. 출발점이 변했기 때문에 역사의 흐름이 달라지고, 기존에 알려진 바를 바탕으로 설정했던 모든 것들을 수정해야 할 수도 있기 때문이다. 그만큼 역사에서 '첫 단추'가 무엇이고, 언제인지에 대한 의미는 각별하다. 그렇다면 커뮤니케이션 역사의 첫 단추는 무엇으로 보아야 할까?

사실 커뮤니케이션 역사를 어디서부터 볼 것인가에 대한 시각과 관점은 매우 다양하다. 가장 일반적으로 거론되는 커뮤니케이션 역사의 시작은 언어, 특히 '말(言)'을 중요한 출발점으로 본다. 말로 하는 커뮤니케이션의 대표적인 기술인 수사학을 초기 커뮤니케이션 역사로 보는 경우가 많으며, 문자가 활용된 이후를 본격적인 소통의 역사로 설정하기도 한다. 이러한 관점이 지배적인 이유는 언어라는 것이 다른 어떤 방법보다 역사의 출발점으로 잡을 수 있는 분명한 근거가 되기 때문이다. 특히 문자가 활용된 커뮤니케이션과 관련해서는 현존하는 기록들이 분명하게 존재하며, 그것이 커뮤니케이션이라고 여길만한 충분한 타당성을 갖고 있다.

또한 언어는 매우 발달한 기호 체계로 몸짓이나 그림보다 한 단계 진보한 커뮤니케이션 방법이다. 특정한 사물을 지칭하는 단어를 만들게 되면, 사람들은 그 단어를 통해 그 단어가 지칭하는 사물을 유추해내어야만 한다. 즉 이해하기 쉬운 언어가 되기 위해서는 기호체계가 잘 갖추어져야 하며, 그것이 과학적인 방법으로 정리되어야 한다. 인간은 과학적으로 잘 짜인 기호체계를 활용하여 커뮤니케이션을 통해 새로운 메시지와 정보를 생산 및 수용하며, 1차적인 결과물들을 활용한 2차적, 3차적 재생산을 이루어낼 수 있다. 따라서 말이나 글과 같은 언어를 통한 커뮤니케이션은 커뮤니케이션 역사상 그 의미가 특별하다고 할 수 있으며, 역사적 사건으로 인정할 수 있는 분명한 근거를 포함하고 있다고 하겠다.

커뮤니케이션은 비언어적 형태부터 시작한다

그러나 언어적 커뮤니케이션 이전에 커뮤니케이션이 존재하지 않았는지 묻는다면 '그렇다'라고 대답하기 어렵다. 왜냐하면 인간이 집단을 이루어 생활하는 과정에서 서로 간의 의사나 생각을 주고 받는 행위는 분명히 존재했을 것이기 때문이다. 만약 그것이 없었다면 그 집단은 붕괴될 수밖에 없을 것이다. 즉, 커뮤니케이션이란 인간 삶의 일부, 삶을 살아가는 과정에서 자연스럽게 행해지는 생(生)을 위한 활동이다. 따라서 커뮤니케이션 역사의 첫 단추로서 언어 이전의 상황들도 고려해야 할 필요가 있다. 다시 말해 비언어적 커뮤니케이션에도 관심을 가져야 하는 것이다.

　이러한 관점에 따라 커뮤니케이션 역사의 시작을 비언어적 커뮤니케이션 시절부터 들여다 보고자 한다. 이미지나 소리를 활용한 비언어적 커뮤니케이션, 그리고 이후 말과 글이라는 언어적 커뮤니케이션의 시대로 진입하는 과정을 살펴볼 것이다. 더 나아가 인터넷이 등장한 이후 커뮤니케이션 역사의 주류를 이루었던 말과 글이 어떻게 활용되고 변형되어 가는지 알아볼 것이다. 이것을 통해 사물인터넷 시대, 사물인터넷 시대 이후를 살아가는 우리에게 어떤 능력이 필요할 것인지 생각해 보는 기회를 만들고자 한다.

눈짓에 더해진
손짓발짓의 시대

언어가 없어도 눈치껏 소통하다

약속된 언어가 없었던 시절, 인간은 어떻게 서로 의견을 주고 받았을까? 그냥 눈치껏 서로 원하는 바를 알아서 해주는 것이었을까? 명확한 기록으로 그 흔적을 찾기 어렵지만 일단 인간이 갖고 있는 자신의 신체를 활용했을 것이다. 움직일 수 있는 신체 혹은 그 기능들을 활용하여 전달하고자 했던 내용이나 메시지를 보여주는 것이다. 즉, 말 그대로 '손짓발짓'의 시대였다.

사실 이러한 커뮤니케이션 방법은 기호화된 커뮤니케이션이 주를 이루고 있는 오늘날에도 흔하게 사용되는 중이다. 바디 랭귀지Body Language라고 부르는 이것은 손짓, 발짓을 포함한 다양한 몸짓을 통해 다른 사람들과 메시지를 주고 받게 된다. 쉽게 말해 전달하고자 하는 메시지를 상대방이 눈으로 보고, 귀로 들을 수 있게끔 시청각화하여 표현하는 것이다. 시각메시지를 전달받는 사람은 메시지를 전달하는 사람이 만들어내는 이미지들을 통해 그 의미를 파악함으로써 커뮤니케이션이 이루어지게 한다. 또한 메시지를 설명하는 데 도움이 되는 특정한 소리를 입을 통해 직접 만들어내거나, 들었던 소리를 가능한 한 비슷하게 묘사하여 상대방의 이해를 돕게 된다. 말이라는 언어의 형태로 정교화 되지 못했지만 의성어와 의태어 같은 특정한 소리를 통해서도 서로 간의 정보를 교환했을 것이라 예상된다. 예를 들어 특정 동물의 소리를 그대로 재현함으로써 그 동물이 가까이 오고 있음을 알린다든지, 아니면 어떤 도구가 만들어 내는 소리를 입으로 흉내 내서 그 도구가 필요하다는 것을 표현할 수 있었을 것이다. 즉, 신체를 활용한 커뮤니케이션들은 상대방이 메시지를 깨닫게 하는 방법으로 시청각화된 메시지를 주로 활용하게 된다.

시각적 요인이 중요하다

시청각 커뮤니케이션 시대에 주로 활용되는 감각인 시각과 청각 중에서 더 중요한 역할을 하는 것은 시각적 요인이다. 뇌과학자들의 연구에 따르면 인간의 오감 중 가장 중요한 역할을 하는 것은 시각과 청각이며, 이 중 시각의 비율이 전체 감각 비율 중 80%에 육박하는 것으로 보고하고 있다. 그만큼 시각은 인간이 정보를 인지하는 데 매우 중요한 역할을 한다. 이처럼 감각 비율 상의 문제로 시각의 중요성이 두드러지기도 하지만 정보의 보존 및 전달 방법에 있어서도 시각적 요소의 역할은 주목할 만하다.

이런 단순한 커뮤니케이션 방법은 즉각적이고, 순간적인 상황에서 이루어진다. 메시지는 주고받는 즉시 날아가버리고 흔적을 찾을 수 없게 된다. 아무리 멋진 몸짓으로 자신의 의사를 표현했다고 하더라도 그 자리에 있는 사람이 아니라면 그 장면을 볼 수가 없으며, 설령 그 자리에 있었다고 할지라도 시간이 흘러버리면 재현할 수 있는 방법이 없는 것이다. 따라서 이러한 시간적인 제약을 넘어 긴 시간에 걸쳐 메시지를 전달하기 위해서는 다른 방법이 필요했다. 즉, 메시지를 저장할 수 있는 미디어 기술이 적용되어야 하는 것이다.

언어 이전의 커뮤니케이션 상황에서 청각 메시지를 정착시킬 수 있는 기술은 없었다. 요즘으로 치면 녹음기라든지, 스마트폰 등을 통해 음성의 수집 및 보관이 가능하지만 이러한 기술은 전자적 미디어가 등장한 이후에나 가능하게 된 것이다. 인류가 활용한 미디어 기술 중 가장 오래된 것은 그림을 이용하거나 특정한 의미의 물건들을 만드는 것이 전부였다.

그림은 메시지를 다른 사람이 볼 수 있도록 만드는 대표적인 방법이다. 흙바닥에 돌이나 날카로운 물건을 활용하여 그리는 것, 나무판 같은 것에 메시지 내용을 그리는 것 등 다양한 종류로 그림이 활용될 수 있었을 것이다. 이 중 현재까지 전해져 내려오는 것은 강한 내구성을 가진 돌이나 바위에 그림을 새겨 넣은 암각화 종류의 그림이다.

인간이 거주했던 흔적이 있는 곳에서는 암각화나 동굴벽화들이 종종 발견된다. 지나간 시간을 헤아릴 수 없을 정도로 많은 시간이 흘렀지만 바위에 새긴 그림의 경우 세월의 풍파를 이기고 아직까지 그 흔적을 남기고 있다. 혹자들은 이러한 그림들이 단순한 예술작품이거나 주술적 의미를 담은 것으로만 그 의미를 제한하기도 하지만 어떠한 정보들을 기록하기 위한 방법이었다는 사실은 부인하기 어렵다. 즉, 그림이 존재하는 이유는 그림을 그린 사람들이 자신이 처해있는 상황이나, 알고 있는 것들을 후대에게 전하려 한 것이다. 자연스럽게 당시의 사회상이나 삶이 잘 드러나 있을 수밖에 없다. 따라서 수많은 시간이 지난 지금 현재에도 당시의 생활 모습들을 이러한 그림들을 통해 예측해 볼 수 있다. 또한 건축물이나 어떤 생활용품과 같은 물건들을 통해서 커뮤니케이션 형태를 찾기도 한다.

만들기의 경우도 마찬가지다. 독일의 포겔헤르트에서는 기원전 30,000년 경의 것으로 추정되는 작은 조형물이 발견되었다. 이것은 매머드 상아를 파서 만든 것으로 말과 유사한 동물의 형체를 띠고 있다. 그래서 이름도 'Wild Horse'다.[QR16] 길이 4.8cm, 높이 2.5cm에 불과한 작은 크기의 이 조형물은 인류가 만든 조형물 중 가장 오래된 것으로 인정받고 있다.

어떤 이유로 왜 만들었는지는 정확하게 알 수 없지만 이 역시도 하나의 예술작품을 넘어 현대인에게 당시의 상황을 전달해주는 커뮤니케이션의 도구로써 사용되었을 수 있다. 더 나아가 이런 조형물이 발견됨으로써 현대인들은 이 조형물이 만들어졌을 당시의 인간 생활상에 대한 단서를 제공받을 수 있다. 즉, 커뮤니케이션의 역사는 곧 인간 삶의 역사와 직결되는 것이다.

묘사와 재현하는 능력이 곧 커뮤니케이션의 핵심이다

이처럼 초기 커뮤니케이션의 경우 무엇인가를 그리고 만들어내는, 즉 손을 활용하는 기술적 작업이었다. 어떤 기호나 부호가 발달하지 못했기 때문에 전달하고자 하는 메시지를 최대한 원형에 가깝게 복제하여 내는 것이 중요한 문제였다. 언어를 사용할 때보다 직관적이고

QR16 [WEB] Wild Horse

직접적이지만, 내용의 구체성이나 정확한 커뮤니케이션에 있어서는 다소 제약이 있을 수도 있는 방법이다. 하지만 당시로써는 최선의 방법이었다.

이러한 방법으로 메시지를 남기려면 앞서 언급했던 것처럼 상당한 기술적 작업이 요구된다. 지금처럼 도구가 훌륭하지 않은 상황에서 가능한 한 사실적으로 이미지를 남기려면 남다른 그림 실력과 조각 능력을 갖고 있어야 했을 것이다. 또한 이런 사람들이 남긴 그림이나 이미지는 그 존재에 대한 가치 역시 높았을 것으로 추측해 볼 수 있다. 왜냐하면 고급 기술을 활용해서 아무런 의미 없는 무엇인가를 만들지는 않았을 것이기 때문이다. 따라서 작업을 잘 할 수 있는 사람이 훌륭한 커뮤니케이션 능력을 가진 자였을 것이며, 그에 따른 대우도 받았을 확률이 높지 않을까 조심스럽게 짐작해 본다.

하지만 이러한 접근은 어디까지나 가설이다. 기록을 남길 수 있을만한 정밀한 커뮤니케이션 방법과 도구가 없었기 때문에 명확한 상황 파악이 불가능하다. 남아 있는 소수의 자료와 정황들을 통해 그저 '이렇지 않을까?', '저렇지 않을까?' 하고 예상해 보는 수준에 그칠 수밖에 없다. 이런 면에서 볼 때 커뮤니케이션이나 미디어에 대한 역사적 연구들이 말이나 글이 등장한 이후로 초점이 맞춰지는 것은 당연한 일일 수 있다. 따라서 특정한 기호의 형태로 커뮤니케이션의 흔적을 찾는 것은 커뮤니케이션 역사에서 매우 중요하며, 그것을 바탕으로 당시의 사회상과 커뮤니케이션 방법들을 보다 정확도 높게 이해할 수 있다.

너와 나를 바꿔놓은
말(言)의 시대

언어가 커뮤니케이션의 질을 높이다

　손짓발짓, 눈치코치(?)로 정보를 교환하던 시절을 넘어 언어가 등장하면서 커뮤니케이션의 질은 획기적으로 높아진다. 전반적인 커뮤니케이션 영역에 활기찬 변화와 발전이 시작된 것이다. 실제적 형태를 묘사하는 그리기나 소리 묘사를 넘어 말을 통해 추상적 메시지를 주고받기 시작하면서 커뮤니케이션은 보다 정교해졌다. 무엇인가를 지칭하는 명사, 대명사, 인명, 사물명, 장소 등을 사용하였을 것이다. 또한 이를 수식해줄 수 있는 형용사와 움직임을 표현하는 동사들도 등장하게 되었을 것이다. 여러 동사들을 사용하는 가운데 보다 풍부하게 움직임을 표현할 수 있는 부사가 사용되었을 것으로 예상해 볼 수 있다. 이러한 약속된 표현이 서로 모여 결합하면서 두리뭉실했던 소통의 과정들은 보다 분명해졌으며, 명확하고 체계적인 커뮤니케이션이 가능해졌을 것이다. 따라서 자연스럽게 커뮤니케이션의 양상은 언어를 사용하기 이전과는 완전히 다른 모습을 보일 수밖에 없다.

[QR17] 아기들의 옹알이 대화

말이라는 것이 인간의 커뮤니케이션에 얼마나 큰 변화를 일으키는지는 아기가 태어나 나이를 먹어가며 변하는 모습을 통해서도 알 수 있다. 갓난 아기는 말을 할 줄 모른다. 웃고, 울고, 버둥거리는 정도로밖에 자신의 의사를 표현하지 못한다.[QR17] 아기가 말이라는 것을 조금 할 수 있기까지 약 1년여의 시간 동안 부모는 모든 감각을 아기에게 집중해야 한다. 직접적으로 의사소통을 할 수 없기 때문에 아기가 취하는 소소한 몸짓과 울음 속에서 원하는 것을 알아채야 한다. 커뮤니케이션 하기에 여간 불편한 것이 아니다.

사실 불편함은 보호자의 입장만이 아니다. 아기도 의사소통이 곤란하니 힘들긴 마찬가지다. 배가 고파도 울고, 아파도 울고, 기저귀가 젖어도 그저 울 수밖에 없다. 만약 자신의 이런 불편한 상태를 보호자가 알아주지 못하면 소리를 지르거나 거친 몸짓으로 짜증을 내는 수밖에 없다. 좋다는 감정도 그저 웃는 게 전부다. 왜 좋은지, 얼만큼 좋은지 표현하기란 쉽지 않다. 그러다가 만으로 약 1년여 시간이 지나면 아기는 말이라는 것을 조금씩 할 수 있게 된다. 보호자들이 주고 받는 소리들을 흉내 냄으로써 말을 익혀가게 된다. 아기가 '엄마', '아빠', '졸려', '배고파' 정도의 단어만 구사할 수 있게 되더라도 보호자와 아기 사이의 커뮤니케이션 질은 획기적으로 달라진다. 아기의 요구사항과 보호자의 보살핌이 서로 어긋나는 커뮤니케이션의 오류가 줄어드는 것이다. 이 수준을 넘어 1~2년이 지나 보다 원활하게 말을 할 수 있게 된다면 무엇을 원하는지, 하고 싶은 것이 무엇인지 말할 수 있게 된다. 이 정도

QR17 [유튜브] 아기들의 옹알이 대화 자막버전

수준에 이르면 커뮤니케이션을 통한 상호작용은 더욱 빈번해지며, 서로 간에 메시지를 주고 받는 행동을 통해 얻을 수 있는 경험의 질 또한 높아지게 된다.

말이 가진 또 다른 장점은 배우기 쉽다는 것이다. 기본적인 말하기와 관련하여 별도의 공부는 거의 필요 없다. 동일한 말을 사용하는 사람들 속에서 그냥 생활하다 보면 자연스럽게 말을 배울 수 있게 된다. 뇌를 비롯한 의사소통에 활용되는 신체기관에 문제가 없다면 누구나 5년 이내에 기본적인 의사소통은 할 수 있게 된다. 이는 정규교육을 받았는지 여부와는 전혀 상관이 없다. 학교를 다니지 않아도, 특별한 교육을 받지 않아도 사회 속에서 살아가는 것만으로 말하는 능력은 터득할 수 있다. 이는 커뮤니케이션의 방법으로서 가질 수 있는 큰 장점이라고 할 수 있다. 물론 전혀 교육이 필요 없는 것은 아니다. 학교교육을 비롯한 언어적 훈련을 받게 되면 활용할 수 있는 어휘의 양이나 활용 가능한 문장의 종류가 늘어나고, 고급 커뮤니케이션을 할 수 있게 된다. 하지만 정규교육이 말을 하는 데 반드시 필요한 요건이라고는 말 할 수 없다.

말은 즉각적이고 정확한 커뮤니케이션을 쉽게 할 수 있도록 해준다

언어적 커뮤니케이션 이전의 비언어적 방법이 시청각적이었다면 말을 통한 의사소통은 전적으로 청각에 의존한다. 말이란 곧 소리를 내고 듣는 과정에서 메시지를 주고 받는 것이기 때문이다. 시청각적 커뮤니케이션에서도 메시지를 기록하고 보존하는 것이 쉽지 않았지만 말을 활용한 커뮤니케이션에서도 동일한 어려움이 있다. 말이 입에서 떠나

다른 사람에게 전달되는 순간을 정지화면처럼 멈춰 세울 수 없기 때문에 저장되지 못하고 허공으로 사라져버리는 것이다. 즉, 기억하지 못하면 소멸되어 버린다. 따라서 말을 통해 메시지를 주고받을 때는 상대방이 나의 메시지를 잘 알아들을 수 있도록 적절하게 발음하는 것이 중요하며, 더불어 잘 기억할 수 있도록 하는 것도 매우 중요하다. 이에 문자가 등장하기 전까지 사람들은 가급적이면 기억하기 쉽도록 말을 구분이 되는 단위로 나누거나 운(韻)을 넣는 것이 필요했다. 이는 곧 말로 표현한 메시지를 머릿속에 저장해두고 그것을 효과적으로 재현하기 위해 균형과 리듬을 지닌 패턴으로 만들어내거나, 반복이나 대구 등의 표현을 사용하여 누구나 쉽게 기억하고 되살릴 수 있는 구조로 만들곤 했다. 이러한 형태는 현대 음악의 랩(Rap)에서도 상통하는 부분이 있다. 많은 양의 가사를 빠른 속도로 전달하는 랩의 경우에도 리듬이나 운율을 담아 노래한다. 이를 통해 노래를 듣는 사람들은 랩이 아닌 노래보다 많은 양의 가사를 전달받지만 그 내용을 조금이라도 더 쉽게 듣고 기억할 수 있게 된다.

말을 중심으로 한 커뮤니케이션은 메시지를 동시적으로 교환 및 변형할 수 있고 상황에 따른 순간적 대응이 가능하다. 또한 개인 사이의 커뮤니케이션에 효과적이며 구체적인 내용을 전달할 수 있어서 유용하다. 말로 전달되는 메시지들은 정의와 진실에 대한 추상적 내용들을 담기보다는 삶 속에서 접할 수 있는 것들을 내용으로 하는 경향이 있다. 따라서 하나의 이야기 형태를 이루는 경우가 많다.

역사의 흐름을 보면 문자가 등장한 이후에도 오랜 시간 말을 중심으로 한 커뮤니케이션이 이루어졌다. 그럴 수 있었던 배경에는 문자라는 것을 읽고 쓸 수 있는 사람이 적었고, 그것을 보급하는 방법에 있어서도 상당한 비용이 들었기 때문이다. 아주 친근한 예로 세종대왕의 한글 창제 이유를 떠올려볼 수 있다. 익히 잘 알려진 내용이지만 세종대왕이 한글을 만든 이유는 당시 사람들이 한자라는 외래 문자로 소통하는 것이 어려웠기 때문에 우리말을 쉽게 표현할 수 있는 우리만의 문자를 만들고자 했던 것이다.[8]

말을 활용한 커뮤니케이션이 수사학으로 꽃을 피우다

이에 문자가 등장한 이후에도 인쇄 혁명이 일어나기 전까지 오랜 시간 말에 의한 커뮤니케이션이 강세를 이루었는데 이를 연구하는 것이 그리스/로마 시대에 융성한 수사학Rhetoric이었다. 수사학이란 다른 사람을 설득하고 그에게 영향을 끼치기 위한 언어기법을 연구하는 학문으로, 아리스토텔레스Aristoteles 이후 발달하기 시작하여 중세에는 문법·논리학과 더불어 가장 중요한 학문이었다. 수사학은 오랫동안 문장을 장식하는 수단Ornament, Decoration으로 생각되었으나, 현대에 이르러서는 정확한 전달과 설득을 위한 모든 수단을 고찰하는 기능으로 인정되고 있다.

수사학이 중요하게 된 것은 당시 정치/사회적 이슈가 중요하게 작용하였다. 국가 형태가 만들어지고, 민주주의에 따른 시민 참여가 이루어지면서 대중을 상대로 하는 매스 커뮤니케이션Mass Communication 능력이 주목받게 된다. 따라서 다른 사람들을 설득하고 그에게 영향을 끼

---

8 한글 창제 배경을 살펴보면 결국 기존 문자가 갖고 있던 보급의 어려움을 읽어낼 수 있다. 배우기 어려웠기 때문에 글을 읽고 쓴다는 것은 소수의 지식인들을 위한 전유물로 여겨졌던 것이다. 이로 인해 문자를 읽는 사람과 읽지 못하는 사람 간의 소통의 격차, 더 나아가 정보 습득에 문제가 있을 수 있었다는 것을 예상해 볼 수 있다.

치기 위한 언어기법의 중요성이 부각되었고 이는 자연스럽게 수사학의 발전으로 이어졌다. 수사학은 단지 말을 꾸미는 방법이 아니라 지도층을 위한 하나의 리더십 훈련이기도 했다. 당시 자신의 주장을 피력하거나 법정에서 변론을 할 때, 아니면 거리나 광장에서 대중을 상대로 자신의 의견을 제시하고 사람들을 설득하는 것이 수사학의 영역이었기 때문이다. 요즘으로 치면 정치인이나 변호사, 기업가, 군대의 장군 등이 갖춰야 할 능력이었던 것이다.

수사학은 말의 논리를 세워 상대방을 설득하는 것이었다. 논리적 전개도 중요하지만 설득을 할 수 있는가, 없는가가 중요했다. 말로 설득한다는 것은 입에서 나오는 소리만이 고려대상은 아니다. 말하는 사람의 표정, 제스처, 목소리 등 설득에 변수로 작용할 수 있는 요인은 많다. 때문에 아리스토텔레스는 그의 저서 『수사학』에서 상대방을 설득하려면 세 가지가 필요하다고 말했다.

첫째는 로고스Logos다. 로고스는 이성적이고 과학적인 것을 가리키는 것으로 사고능력 혹은 이성 등의 의미를 가지고 있다. 이는 이성적인 논리로 상대방을 설득하려면 설득하려는 내용이 잘 정리되어 있어야 한다는 것이다.

둘째는 파토스Pathos다. 파토스는 로고스와 대치되는 개념으로 감각적, 신체적, 혹은 예술적인 것을 가리키며 격정 혹은 충동 등의 의미를 가지고 있다. 이는 인간은 이성만이 아니라 감정을 함께 가지고 있기 때문에 논리만으로 상대하는 것이 아니라 감성에 호소하는 것이 필요함을 의미한다.

마지막으로는 에토스Ethos다. 에토스는 사람에게 도덕적 감정을 갖게 하는 보편적인 도덕적, 이성적 요소를 의미한다. 쉽게 정리하면 말하는 사람의 평판이 좋아야 한다는 것으로, 말을 듣는 상대방이 볼 때 말하는 사람이 신뢰할 만하다고 판단이 되면 그렇지 않은 경우에 비해 설득이 수월하게 진행된다는 것이다.

  수사학의 특성에서 보는 것처럼 말로 하는 커뮤니케이션의 기본 전제는 인간 대 인간이 만나 소통하는 상황이다. 따라서 말에 담기는 내용만 중요한 것이 아니라 말하는 사람의 태도, 억양, 표정, 서로 간의 거리 그리고 말하는 사람 그 자체 등 커뮤니케이션과 관련된 모든 요인들이 종합적Holistic으로 고려되어야만 한다. 커뮤니케이션의 오류와 오차를 줄일 수 있는 좋은 조건을 가진 방법인 것이다. 하지만 말은 즉시성과 휘발성이라는 치명적 약점으로 인해 커뮤니케이션 방법으로서의 중요성이 계속해서 약해져 갔다. 사회가 커지고 더 많은 사람들과 커뮤니케이션을 해야 할 상황이 증가할수록 말의 가치는 줄어들 수밖에 없다. 문자 등장의 필요성과 의미가 증가되는 것이다. 특히 문자 커뮤니케이션에 있어 걸림돌과 같았던 경제성 부분이 구텐베르크의 인쇄술의 등장과 함께 상당 부분 해결되면서 저가로 대량 유통하는 것이 가능해졌다. 이는 문자 커뮤니케이션의 전기를 마련할 뿐만 아니라 문자가 커뮤니케이션의 주류 자리를 차지할 수 있는 계기를 마련하였다.

모든 것을 바꿔놓은 글(文)의 시대

말로 하는 커뮤니케이션의 한계, 문자가 등장하다

언어 커뮤니케이션으로서의 말은 효과적이었지만 제 때, 제 곳에 없다면 커뮤니케이션에 참여할 수 없다. 더 큰 문제는 입에서 입으로 메시지가 전파되는 과정에서 내용의 왜곡이 일어날 수 있다는 것이다. 누군가가 외우고 기억한 내용이 항상 객관적이고 정확할 것이라는 보장은 없다. 전달하는 사람의 기억력에 따라 누락되는 부분이 생길 수 있으며 개인의 상상력과 감정들이 개입할 수 있는 여지가 많다. 이런 경우 메시지의 내용은 원본 그대로가 아니라 전달자에 의해 재해석된 새로운 내용이 될 수 있다.

[QR18]
전래동화: 견우와 직녀

말을 통한 커뮤니케이션에 대한 쉬운 예가 전래동화다.[QR18] "옛날 옛날, 아주 먼 옛날에…"라고 시작하는 이야기들은 시대를 넘어 오래 전부터 입에서 입을 타고 내려온 것들이다. 글이 없던 시절, 혹은 글이 있어도 글을 배우지 못했던 사람들이 많던 그

QR18 [유튜브] 어린이 한국전래동화 견우와 직녀

시절에 자신의 어머니, 혹은 할머니에게 들은 이야기들을 기억하고 있다가 자신의 자녀에게, 손자와 손녀에게 들려주는 과정을 거치며 메시지가 전래되어 온다. 누군가의 기억을 통해 전해지고 전달되다 보니 중간에 약간의 각색이 발생하기도 한다. 동일한 이야기인데 결론이나 중간 영역에 다소 차이가 발생한다든지, 비슷한 이야기들이 지역에 따라 조금씩 다른 내용을 갖고 존재한다는 것을 보면 짐작할 수 있다. 그 이야기들은 아마 각각 다른 것이 아니라 동일한 하나의 출발점을 갖고 있었을 것이다. 전달자에 의해 전해져 내려오는 과정에서 변형이 생긴 것이다.

전래동화의 경우야 어차피 꾸며낸 이야기이니 메시지의 정확성이 매우 중요한 요인은 아닐 것이다. 그냥 또 하나의 재미있는 이야기로 여겨도 무리가 없다. 그러나 만약 커뮤니케이션을 통해 오고 가는 메시지의 내용이 사실을 기반으로 구성된 것이라면 이는 문제가 될 수 있다. 메시지의 정확성이 중요한데, 커뮤니케이션 과정에 왜곡이 발생한다면 제대로 된 의미 전달을 할 수 없기 때문이다. 사람에 따라 틀려봐야 얼마나 틀리겠는가라는 식으로 생각할 수 있지만 우리말에 '아'와 '어'도 차이가 있다고 이야기하는 마당에 메시지가 흔들리는 상황을 가볍게 여길 수 없는 것이다.

문자의 역할이 강해진 만큼 말의 영향력은 쇠퇴하다

문자는 이러한 말을 통한 커뮤니케이션의 취약점을 해결할 수 있었다. 문자의 형태로 기록한 메시지는 그 메시지가 왜곡이나 변형 없이 그대로 지속될 수 있는 가능성이 높다. 적어놓은 것이 분실되지 않는 이상 있는 그대로의 내용이 온전히 전달될 수 있다. 또한 중요한 것은 공간적 제약을 초월할 수 있다는 것이다. 같은 공간 안에 있어야만 의사소통이 가능했던 말의 시대 커뮤니케이션 특징을 넘어 동일한 공간에 있지 않더라도 문자로 기록한 책 한 권이 있으면 메시지를 전달할 수 있었다. 만약 문자가 없었다면 지금처럼 동서양을 가로질러 다양한 정보와 지식들의 교류가 가능했을까? 아마 불가능했을 것이다. 말로 메시지를 전달하려면 반드시 말을 할 수 있는 사람들이 움직여야 한다. 사람 한 명이 산 넘고 물 건너 정보를 전달한다는 것은 많은 비용과 노력을 요하는 일이다. 그러나 문자로 정리된 문서 혹은 책이라면 상황은 조금 달라진다. 가방 속에 몇 권의 책을 담아 이동하는 것은 경제적이고 효율적인 메시지의 이동방법이기 때문이다.

문자를 기반으로 한 사회가 되면서 커뮤니케이션은 완전히 달라졌다. 말이 가진 가치가 급격하게 떨어지며 모든 것에 문자가 적용되어 버렸다. 거리를 쳐다보면 문자가 적혀 있지 않은 곳이 없다. 멀리 볼 것도 없이 책상 위만 해도 그렇다. 어느 것 하나 문자가 적혀 있지 않은 것이 없다. 사람들은 늘 무언가를 읽으며 살고 있다. 책이 아니면 신문이라도, 밥 먹는 순간까지 글에서 눈을 떼지 못하는 사람들도 있다. 모든 것이 읽을거리이고, 읽지 못하면 불안해 한다. 삶에서의 문자의 영향력은 단순한 커뮤니케이션을 넘어 문화적 가치까지 갖게 된다.

문자는 하나의 약속이고 규칙이다. 때문에 문자를 만들기 위해서는 상당히 과학적이고 체계적인 접근을 필요로 한다. 인간의 커뮤니케이션 과정에서 벌어지는 다양한 상황들을 문자로 담아내야 하며, 또 사용하기 쉬워야 하기 때문에 많은 고민이 필요하다. 중국의 한자와 같은 경우는 이러한 고민 끝에 그림을 축약시켜 한자라는 표의문자를 만든 것이며, 한글을 비롯한 알파벳 같은 문자들은 소리를 표시하는 형태의 문자를 만들어낸 것이다. 표의가 되었든, 표음이 되었든 문자를 만드는 과정은 상당히 어렵기 때문에 전 세계적으로 자기 민족만의 고유한 문자를 가진 나라들은 그리 많지 않으며, 특히 한글과 같이 음가를 있는 그대로 표현할 수 있는 문자는 더 희귀하다. 한글은 발음기관의 모양과 전통적인 자연철학에 단단한 근거를 뒀을 뿐 아니라 음운학적인 분석으로 모음을 분리하고 초성과 종성을 동일 소리값으로 묶어 기존의 소리 체계의 수준을 한 차원 높인 문자다. 이런 점 때문에 한글은 단순한 인간 사이의 의사소통의 약속이란 차원을 넘어선 '과학적인 문자'라고 불리게 된 것이다. 잘 발달된 문자는 이러한 특성과 요건들을 갖추어야만 한다.

문명 발달의 현장에는 문자가 있었다

[QR19] 천주교 역사

하나의 문명과 또 다른 새로운 문명이 만나는 순간에는 늘 이러한 문서들이 최전방에 있었다. 때론 사람보다도 먼저 책이 다른 문화권으로 들어가서 읽히며 '신(新) 문물'을 받아들이는 계기가 되곤 했다. 우리나라에 천주교가 전파되는 과정에서도 문자가 중요한 역할을 했다는 것은 익히 잘 알려져 있다. 조선의 실학자들은 중국으로부터 당시 천주학이라고 불리던 천주교의 서적을 들여왔다.[QR19] 그들이 이 책들을 읽고 공부한 결과, 실제 천주교 선교사가 조선에 들어

QR19 [유튜브] 교황방한특집다큐 일어나 비추어라 1부

오기 이전에 자체적으로 천주교를 믿는 신자들이 존재하는 일이 벌어졌다. 이러한 경우는 천주교 포교 역사에 매우 드문 사례로, 천주교에서는 이러한 한국에 대해 높은 위상을 부여하고 있다. 이런 사건이 벌어질 수 있었던 이유는 문자로 쓰여진 책을 바탕으로 새로운 문명을 접하고자 시도했던 사람들이 있었기 때문이다.

로마가 대제국을 이루고 각 지역을 통치하는 과정에서도 문자는 중요한 역할을 했다. 로마는 정복한 식민지를 통치할 때 그들이 법과 제도, 통화 등을 사용하도록 했다. 특히 로마의 법은 매우 유명한데, 식민지를 다스리는 총독은 로마법에 근거하여 해당 지역에 대한 힘을 행사했다. 로마의 영토는 당시 전 세계라고 할 수 있을 정도로 유럽은 물론 북아프리카와 아시아 일부까지 제국을 확장하였는데, 이런 광범위한 지역에 대한 통치가 가능했던 이유로 로마법이 꼽힌다. 로마의 법전은 잘 닦여진 도로망을 따라 가벼운 종이 위에 문자로 기록되었기 때문에 신속하게 이동될 수 있었다. 만약 문자가 없었다면, 종이와 같은 가벼운 매개체가 존재하지 않았다면 로마법은 로마의 식민지 통치에 영향을 끼치기 어려웠을 것이다. 이처럼 문자는 커뮤니케이션을 넘어 힘Power의 영역으로 다루어지기도 한다.

문자 활용이 곧 힘을 의미하게 되다

이러한 상황 속에서 문자를 알지 못하면 곧 약자가 된다. 이를 단적으로 드러내는 대표적인 예가 '문맹'이란 표현이다. 문맹이란 단어는 있는 그대로 풀면 '글을 읽거나 쓸 줄 모르는 사람'을 말하지만 실제 문맹이란 단어가 지닌 의미는 그 정도 수준이 아니다. 문맹은 '무지한 사람', '못 배운 사람'이란 의미와 같다. 특히 우리나라는 세계적으로 문맹률이 낮은 것으로 유명한데, 이러한 환경적 영향에 따라 글을 몰라서 발생하는 선입견과 차별 역시 높은 수준이다. 즉, 사회적으로 문자를 알아야만 더 가치 있는 사람으로서 인정받을 수 있다.

　문자가 강력한 힘을 발휘한 분야는 바로 교육이다. 문자가 등장하면서 입에서 입으로 떠돌던 지식들은 고정된 형태로 자리를 잡게 된다. 더 이상 사람들의 기억력이나, 전하는 사람에 따른 오류나 편차는 당연한 것이 아니게 되었다. 지식은 문자화되면서 정제되고 표준화되었다. 문자를 통한 지식의 표준화와 교육이 만난 접점에 교과서라는 것이 있다. 학생이 있는 학교 현장에는 어디나 교과서라는 것이 존재한다. 교과서란 당대를 살아가기 위해 필요하다고 생각된 지식들을 분야별로 정리한 것이다. 책을 읽고, 책에 나온 문제를 풀며, 숙제를 문자로 작성하여 제출하게 된다. 즉, 문자를 통해 정보를 수용하고, 문자를 통해 자신이 알고 깨달은 바를 표현하는 것이다. 문자가 없었다면 학교라는 형태의 집단교육은 행해지기 쉽지 않았을 것이다. 또한 설령 존재한다고 하더라도 다룰 수 있는 지식의 양이나 종류가 제한적이고, 질적인 부분에서도 지역적 편차가 매우 컸을 것이다. 왜냐하면 공간적 제약이 있는 범위 안에서 교육이 진행될 것이기 때문에 학습자가 속해있는 지역에서 통용되는 지식만 얻을 수 있을 뿐만 아니라, 가르치는 사람에 따른 학습내용의 차이도 클 수 있기 때문이다.

　문자는 지식을 종이를 비롯한 가벼운 미디어 위에 점착시켰고, 지식을 만들어낸 사람과 지식을 분리하였다. 즉, 글로 쓰여진 지식만 어디든 간편하게 이동할 수 있도록 만들었다. 문자를 읽고 쓰지 못한다는 것은 지식에 접근할 수 있는 기회가 적을 수밖에 없다는 것을 의미한다. 배우기 위해서는 기본적으로 문자를 활용할 줄 알아야 한다는 전제가 생긴 것이다. 자연스럽게 문자를 활용하는 능력과 앎의 수준은 직접적 연관성을 가진다.

비슷하게 들릴지도 모르겠지만 이 이야기를 조금 다르게 접근하면 지식인이라면 기본적으로 문자를 잘 활용할 것이라고 기대하게 된다. 글을 통해 자신이 알고 있는 바와 생각한 것들을 논리적으로 표현할 수 있어야만 배운 사람, 지식인으로 대접받을 수 있게 된다. 많은 지식이 문자의 형태로 바뀌어 저장되기 시작했으며, 교육에 있어 문자의 산물인 책의 영향력이 강력하게 부각되게 된다. 자신의 저서가 있다고 하면 곧 그 분야의 대가인 것처럼 보는 시각이 존재하는 이유도 결국 문자를 잘 쓰는 것이 지식인이 가진 중요한 특징이자 능력이라고 생각하는 사회적 인식에서 출발한 것이다. 물론 문자만이 답은 아니다. 말에서 문자로 커뮤니케이션의 중심이 넘어오는 과정에서 그림이나 조형물 같은 다른 형태의 미디어들도 각자의 역할을 해내긴 했다. 하지만 그 영향력은 상대적으로 적었다고 봐도 무방하다.

앞서 잠시 언급했던 것처럼 지식의 전파와 공유에 가장 큰 영향력을 미친 것은 강력한 문자 기반 미디어인 책이다. 책은 지금까지도 지식의 보고처럼 여겨지고 있으며, 지식인이 되기 위해서는 독서가 기본 덕목인 세상이다. 따라서 지식을 다루는 대학과 같은 곳에는 책들을 모아놓는 도서관이 반드시 존재한다. 가장 좋은 터, 넓은 공간에 도서관을 짓는다. 또한 그 안에 얼마나 많은 장서를 보유하고 있느냐에 따라 그 학교의 수준을 평가하기도 한다. 학생들은 이 도서관에 모여 책을 읽으며 다른 누군가가 정립한 지식, 과거로부터 넘어온 배움의 유산들을 학습하게 된다. 그리곤 자신이 알고 있는 지식을 밖으로 드러낼 때

그 출처를 밝혀야 할 때, '어떤 책에서 보았다.', 혹은 '어떤 논문에서 보았다.'라는 식으로 자신의 의견에 권위를 부여한다. 이러한 모든 행태들이 문자라는 것을 근거로 발생하고 있다. 따라서 문자라는 것은 단순히 없으면 불편한 수준의 커뮤니케이션 도구가 아니다. 강력한 사회문화적 힘을 갖고 있는 권력형의 지배적 미디어로서 보아야 하는 것이다.

〈Harvard University 도서관 전경〉

〈한국 및 북미 대학 도서관 장서보유 상위대학 현황〉

구분	기관명	장서수(권)	순위	대학명	장서수(권)
1	서울대 중앙도서관	4,521,912	1	하버드대	16,832,952
2	경북대 도서관	2,948,031	2	일리노이대 어바나샴페인	13,158,748
3	고려대 도서관	2,446,273	3	예일대	12,787,962
4	연세대 학술정보원	2,074,701	4	UC버클리	11,545,418
5	부산대 도서관	1,941,047	5	컬럼비아대	11,189,036
6	성균관대 학술정보관	1,820,290	6	미시간대	10,778,736
7	계명대 동산도서관	1,732,301	7	텍사스대 오스틴	9,990,941
8	영남대 도서관	1,668,399	8	시카고대	9,837,021
9	이화여자대 도서관	1,609,102	9	UCLA	9,151,964
10	충남대 도서관	1,537,568	10	인디에나대	8,677,974
	상위 10위 소개	22,299,624		상위 10위 소개	113,950,752
11	인하대 정석학술정보관	1,536,323	11	위스콘신대 미디슨	8,421,198
12	대구대 도서관	1,496,159	12	코넬대	8,173,778
13	전남대 도서관	1,453,482	13	프린스턴대	7,226,744
14	전북대 중앙도서관	1,424,430	14	워싱턴대	7,203,156
15	동국대 중앙도서관	1,384,955	15	미네소타대	7,111,311
16	경희대 도서관	1,357,478	16	노스케롤라이나대 채플힐	7,012,787
17	원광대 도서관	1,314,695	17	팬실베이니아대	6,438,305
18	중앙대 서울캠퍼스 도서관	1,275,107	18	듀크대	6,174,814
19	한양대 백남학술정보관	1,232,526	19	오하이오주립대	6,161,657
20	경상대 중앙도서관	1,230,086	20	피츠버그대	6,148,036
	상위 20위 소개	36,004,865		상위 20위 소개	184,022,538

출처: 〈한국대학신문〉 2013.09.03.

문자의 권위에 새로운 미디어가 도전하다

그러나 이러한 문자 중심 시대는 20세기 후반에 들어 중대한 도전을 맞게 된다. 바로 사진이나 영상과 같은 전혀 새로운 차원의 미디어가 등장하게 된 것이다. 이러한 변화는 컴퓨터와 인터넷이 보급되기 시작하면서 더욱 빨라졌다. 특히 인터넷은 새로운 유형의 미디어들이 유통될 수 있는 최적의 경로를 제공함으로써 변화에 가속도를 붙였다. 물론 인터넷이 등장한 이후에도 문자라는 미디어 형태는 여전한 힘을 갖고 있었지만 선호도는 점차 줄어들어 가고 있다. 사용자들은 빽빽하게 문자로 채워진 문서를 보기보다는 한두 장의 이미지를 추가하여 문자의 양을 줄이고, 보기 쉽게 내용을 담는 것을 더 좋아하게 되었다. 이에 따라 문자는 일상적인 소통의 도구라기보다는 '딱딱하고 공식적인' 커뮤니케이션 방법이란 이미지가 형성되었다.

이미지와 같은 멀티미디어 없이 문자만 사용하는 경우에도 문자로 표현되는 메시지의 길이가 짧아지고 있다. 장문으로 글을 쓰는 것보다 요점만 짧게 기술하는 것이 더 인기 있는 글의 형식이 되었다. 글을 쓴다고 하더라도 문법이 아닌 어법의 영향력이 커지고 있는 것이다. 축약어를 사용한다든지, 소리 나는 대로 그냥 쓰는 등의 비정상적 사용 형태도 등장하였다. 즉, 말로 하는 구어적 표현 양식이 되살아나는 것이다.

이러한 변화에서 볼 수 있는 것처럼 커뮤니케이션 미디어는 최초에 말로 시작하여 문자로 발전했으며, 인터넷이 등장한 이후 문자적 성격이 점점 상실되며 구어적 성격으로 변해가고 있다. 마치 문자라는 중심선을 기준으로 좌우로 찍어낸 데칼코마니와 같은 형태를 보이는 것이다.

5장

커뮤니케이션의 역사를 뒤집는 인터넷의 힘

인터넷의 소통 방법은 획기적이다

인터넷이 문자 중심의 커뮤니케이션에 파란을 일으키다

　인간의 커뮤니케이션 역사를 보면 시청각적 커뮤니케이션에서 시작하여 언어적, 문자적 커뮤니케이션으로 넘어오면서 이전의 방법들이 갖고 있던 문제점들을 보완해 나갔다. 하지만 이 과정에서 많은 정보와 메시지들이 문자 미디어에 편중되는 현상을 보였다. 정보를 습득할 수 있는 사람의 능력이 문자를 해독하고, 문자를 통해 지식을 깨우칠 수 있는 능력, 그리고 선형적 논리를 가진 커뮤니케이션으로 집중되는 모습들을 보이게 되었다. 그렇다 보니 인간이 세상을 인지할 수 있는 다양한 감각들이 골고루 활용된다기보다는 시각적 요인을 중심으로 추상적으로 생각하는 능력이 더욱 주목받는 경향이 생겼다. 하지만 그에 대한 반감으로 이전 형태의 커뮤니케이션 장점을 회복하려는 노력을 보이기보다는 문자를 통한 커뮤니케이션을 더 잘 할 수 있는 방법을 연구했고, 그것을 잘하는 사람들이 지식인이 되는 문자화 사회로 달려 왔다. 이렇듯 순조롭게 문자화의 시대로 전환되어 발전하던 사회는 인터넷이라는 미디어의 등장으로 인해 변화의 급물살을 타게 된다. 미디어가 활용하는 커뮤니케이션 방법에 변화가 감지되기 시작한 것이다.

인터넷이 본격적으로 대중 속에 파고들다

인터넷이 언제 등장했는지의 문제는 어떤 기준을 따르냐에 따라 1960년대까지 거슬러 올라가기도 한다. 하지만 당시 인터넷은 사회적 영향력이 아주 미비했기 때문에 실제적인 인터넷 활용이 이루어졌다고 보기에는 무리가 있다. 따라서 사회적 의미에서 인터넷의 역사는 대중적으로 널리 보급되기 시작한 시점을 그 시작으로 보는 것이 옳다. 이런 기준으로 인터넷의 등장 시기를 다시 계산하면 1990년대 중반쯤으로 보면 적당하다. 그렇다면 1990년대 중반에 무슨 일이 벌어졌던 것일까? 우리나라의 상황을 중심으로 인터넷 역사의 흐름을 짚어보도록 하자.

우리나라에 인터넷이 본격적으로 사용되기 시작한 것은 송신자와 수신자가 분명하게 구별되는 이메일 서비스와 검색 서비스라고 볼 수 있다. 이메일 서비스로는 국내에서 출발한 한메일넷(現 다음)이, 검색 서비스로는 해외에서 들어온 야후코리아가 양대 축을 형성하고 있었다. 당시 네이버는 검색 점유율이 2% 이하를 맴돌던 영향력 없는 서비스였으며, 메일 서비스는 제공하지도 않았던 시점이었다. 한메일넷은 이메일을 주요 서비스로 하여 영역을 확고히 해 가는 상황이었고, 야후코리아의 경우 카테고리를 기반으로 한 검색을 간판으로 하여 사용자들의 사랑을 받고 있었다. 야후는 검색을 기반으로 한 포털서비스로 발전해 갔으며, 한메일넷의 경우도 이후 다음으로 서비스명을 변경하면서 이메일 사용자들을 그대로 끌어들여 검색을 비롯한 다양한 서비스를 제공하는 포털서비스로 전략을 바꾸었다. 이러한 변화와 발전은 현재 인터넷 서비스의 꽃이라고 할 수 있는 한국형 포털사이트 서비스 모델의 원형을 제공했다고 할 수 있다.

현재 인터넷 서비스 중 가장 중요한 역할을 하고 있는 서비스가 무엇이냐고 묻는다면 '검색'이라고 말하는 경우가 많을 것이다. 물론 그러한 관점에 이견은 없다. 그러나 검색의 경우 키워드라는 짧은 단어를 활용하는 경우가 많기 때문에, 서비스의 특성과 커뮤니케이션의 특성을 연결하기에 적합하지 않다. 따라서 검색을 제외한 사용자 중심의 다양한 포털서비스들을 대상으로 하여 인터넷 미디어의 특성을 이야기하고자 한다.

주요한 서비스 형태를 기준으로 시대를 구분하면 다음, 핫메일Hot Mail 등을 필두로 한 이메일 시대, 다음과 네이버 중심의 블로그·카페 시대, 싸이월드가 만든 새로운 세상인 미니홈피 시대, 페이스북, 카카오톡 등 소셜 미디어 시대, 그리고 최근 화두가 되고 있는 사물 인터넷 시대 등 다섯 가지로 나눌 수 있을 것이다. 따라서 지금부터 이 시대별 미디어들의 커뮤니케이션 특징을 정리하고, 그것이 미친 사회적 영향력 등을 살펴보도록 하자.

 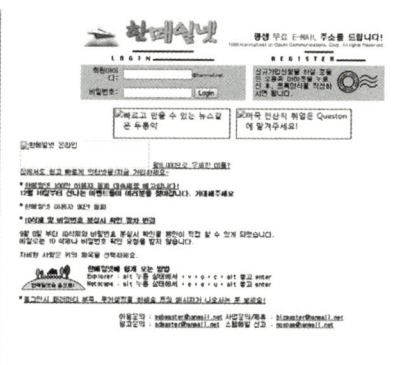

〈야후 코리아 (1998년 2월) / 한메일넷 (1998년 12월)〉

이메일이 손편지의
종말을 고하다

빠르고 공짜인 새로운 '편지'가 등장하다

"너 한메일 알지?"

98년 대학에 입학해 선배들과 과제를 시작하면서 들었던 첫 마디였다. 당시 이메일이 뭔지 잘 몰랐기에 머뭇거리다가 집에 돌아온 후 한메일넷 계정을 만들었던 기억이 난다. 당시 가정에서 인터넷에 접속하는 방법은 기존에 존재하던 PC통신 서비스를 통해서 이루어지는 경우가 많았다. 인터넷 사용자가 늘어나면서 '넷츠고'라는 인터넷 기반의 PC통신서비스가 등장하기도 했다. 90년대 후반까지만 해도 현재 주류를 이루고 있는 초고속인터넷을 사용하는 사람의 수는 적었고 주로 모뎀을 사용하던 상황이었다. 즉, 대용량의 정보들을 주고받는 것으로 인터넷의 활용도는 낮은 편이었다. 텍스트 중심의 커뮤니케이션에 적합했던 것이다.

편지를 전자적 신호로 변경하여 전송하는 이메일은 우체국을 가지 않아도 누군가에게 편지를 보낼 수 있는 대표적인 인터넷 기반 서비스였다. 메일 보내는 방법이나 절차도 쉬웠을 뿐 아니라 메일을 보내면 바로 그날 내용을 확인할 수 있다는 것도 상당히 매력적이었다. 공짜여서 좋았던 것은 물론이다. 이메일을 사용하기 위해서는 이메일 서비스를 제공하는 사이트에 가입하여 자신만의 계정 혹은 이메일 주소를 만들어야 했고, 상대방의 메일 주소를 알아야 발송이 가능했다. 우편으로 보낸다는 것은 글을 쓰거나 수집하기에도 적지 않은 시간이 걸리며, 봉투를 산다든지, 우표를 부치는 등의 부가적 작업을 필요로 했다. 결정적으로 우편함이나 우체국에 가야지만 발송을 할 수 있으며 보낸 즉시 받을 사람에게 내용이 도착하는 것도 아니었다. 또한 등기우편을 제외하고는 받는 사람이 받아 보았는지 확인 또한 불가능하다. 우편함에서 이 사람 저 사람의 손을 타다 사라져도 하소연 할 곳도 없던 것이 편지였다. 하지만 이메일은 이러한 불편함을 일거에 해결해주는 매력적인 미디어였다.

편지는 1 : 1이지만 이메일은 1 : N으로 소통한다

이메일은 1:1 혹은 1:다수의 커뮤니케이션이 가능한 미디어였다. 기존의 편지는 한 번에 여러 사람에게 보내려면 각 사람의 수만큼 추가로 보낼 내용을 출력하거나 작성해야 했으며, 봉투 역시 그 인원만큼 준비해야 했다. 비용 역시 인원수만큼 배가되어 들 수밖에 없었다. 따라서 한 번에 여러 명에게 보낸다는 개념보다는 여러 개를 작업하여 한 번에 발송한다는 것이 좀 더 정확한 표현이었을 수 있다. 따라서 연말이 되면 크리스마스 카드와 연하장을 잔뜩 들고 우체국을 찾는 사람들이 적지 않았다.

이메일은 받는 사람을 손쉽게 추가할 수 있었기 때문에 한 번에 여러 명에게 발송하는 것이 가능했고, 이후 이러한 특성 때문에 스팸이라는 새로운 형태의 광고를 나르는 도구로 사용되고 있기도 하다. 다만 이메일이 등장한 초기에는 이러한 스팸메일이 많지도 않았고, 사람들도 다수의 사람들에게 메일을 보내는 데 사용했다기보다는 여전히 소수와 커뮤니케이션 하는 데 메일이 쓰였다. 왜냐하면 글로 써서 누군가에게 보낸다는 행위 자체가 기존의 미디어 문법에 따르면 다수를 상대로 하는 내용이 아니었기에 단순히 쓰고 보내는 행위를 하는 공간이 인터넷으로 달라졌을 뿐 평소처럼 소수의 지인들에게 이메일을 작성해서 보낸 것이다.

이메일은 문자를 중심으로 한 높은 신뢰성을 갖고 있다

이메일은 이미지나 음성, 동영상 등을 첨부하여 보낼 수도 있긴 하지만 기본적으로 문자를 사용한다. 기존의 아날로그 미디어가 갖고 있던 특성, 즉 하고 싶은 말을 글로 써서 보내는 것에는 차이가 없는 형태였다. 다만 편지의 경우 보내기가 쉽지 않고 비용도 들었기 때문에 한 번에 많은 양을 보내거나, 빼곡히 내용을 적어 보내는 경우가 많았다. 특히 한번 보내면 되돌릴 수 없기 때문에 신중하게 내용을 작성하고 발송해야 했다. 그러나 이메일로 넘어오니 상황이 달라졌다. 발송에 돈이 드는 것도 아니었고, 전하고 싶은 내용을 들고 우체국을 찾아갈 필요도 없었다. 그냥 책상에 앉은 채로 원하는 내용을 타이핑하여 '보내기'를 클릭하면 그만이었다. 길게 써봐야 보기만 힘드니 간단하고 가볍게 쓰는 경우가 많아졌고, 보내고자 하는 첨부파일을 빠뜨리거나 제목을 쓰지 않는 등 사소한 실수들도 자주 등장하게 되었다. 또 이메일 관련 기술이 많이 발전한 후의 상황이긴 하지만 상대방이 읽었는지를 확인하는 수신확인 기능이나, 보냈던 메일을 다시 회수하는 기능이 개발되는 등 이메일이라는 미디어가 갖는 메시지의 무게감은 이전의 아날로그 편지에 비해 상당히 떨어졌다.

메시지로서 이메일의 무게감이 전에 비해 떨어진다고는 하지만 현재 존재하는 인터넷 기반 미디어들 중에서는 가장 강력한 신뢰성을 갖고 있다. 특히 사적인 커뮤니케이션이 아니라 업무나 비즈니스 같은 대외적인 공적 커뮤니케이션에서 메일의 역할은 매우 강력하다. 말로 메시지를 주고받는 전화의 경우 녹음과 같은 특별한 작업을 하지 않는다면 주고받은 내용이 그 순간 휘발되어 버린다. 혹은 SMS나 모바일 메신저 등 다른 간편한 미디어들의 경우에는 이메일이 비해 작성이 더욱 쉽고, 더 빠르게 내용을 주고받을 수 있다는 장점이 있지만 커뮤니케이션의 모양새가 좋지 않다. 소위 '격'이 떨어지는 것이다. 이메일은 격식을 차리는 것도 가능하고, 완결된 문장과 정돈된 문단을 활용하여 작성을 해야 하기 때문에 메시지가 갖는 신뢰성은 상당히 높다. 이로 인해 이메일은 공식적인 커뮤니케이션 도구로도 그 가치를 인정받고 있다. 서점에 비즈니스 이메일을 잘 쓰는 방법에 대한 책들이 많이 나와 있는 이유도 이 때문이다.

이메일의 특성을 편향성에 비춰보다

이러한 이메일 서비스를 구술성과 문자성의 키워드로 정리해 보면 상대적으로 문자성이 구술성보다 높다고 볼 수 있다. 다만 이전 아날로그 미디어에 비해 문자를 통한 커뮤니케이션의 문법보다는 말하는 방법을 더 많이 따르는 경향이 있었으며 특히 청각적 성격을 많이 회복했다고 볼 수 있다. 그 배경에는 문자성이 강한 미디어들이 갖는 구조적 단단함이 많이 무너졌기 때문이다.

이메일은 약어나 줄임말 등
말에 의한 소통 방법의 특징을 갖고 있다

이메일은 본문을 구성하는 도구로 문자를 활용하기 때문에 문자성의 비중이 여전히 높지만 전통적인 문자 미디어가 갖고 있는 문법이나 격식 등이 깨진 경우가 많다. 기존 문자 미디어들은 기승전결, 호칭 등이 잘 갖추어져 있는 반면 이메일은 이러한 영역에서 일부가 누락되거나, 아예 아무 것도 없는 채로 보내는 것도 가능하다. 예를 들어 첨부파일이 곧 메일 본문의 내용을 말하기 때문에 본문 내용이 전혀 없는 빈 메일이 가는 경우도 있고 FYI^{For Your Information}(참고할 것), ASAP^{As Soon As Possible}(최대한 빨리)와 같은 약어들만 적히는 경우도 있다. 그래도 이메일은 상황이나 맥락에 따라 커뮤니케이션에 전혀 어려움이 없을 수 있다. 따라서 메시지가 하나의 완결된 형태로 정리되지 않고 계속해서 이어지는 경우가 생길 수 있다. A라는 내용을 보냈다가 생각해 보니 B라는 내용도 필요할 것 같아서 추가로 보낸다던지, A-B-C를 보내려고 했는데 보내고 나서 보니 B가 빠져서 B만 다시 한번 보내는 경우가 생기는 등 메시지가 계속해서 첨가적으로 구성되기도 한다. 이러한 형태이기 때문에 내용이 장황하거나 변화가 많을 수 있는 가능성이 높다. 결과적으로 문자로 작성하긴 하지만 말하기와 같은 형태로 커뮤니케이션이 진행되는 경우가 많은 것이다.

하지만 이메일은 여전히 문자성이 높은 미디어다

그러나 이메일은 강력한 문자성을 가진 미디어다. 우선 선형적이고 비즉시적으로 커뮤니케이션을 해야 한다. 즉, 내가 보내야만, 혹은 다른 사람이 나에게 보내야만 커뮤니케이션이 진행된다. 특별한 상황이 아니고서야 내가 보낸 이메일을 상대방이 확인하지 않은 경우 다음 커뮤니케이션을 이어갈 수 없다. 주고받는 선형적 흐름 속에서 커뮤니케이션이 진행되기 때문이다. 물론 이메일의 경우 보내고 받는 데 걸리는 시간이 매우 짧기 때문에 선형적 성격은 지속적으로 감소하고 있다. 더구나 스마트폰 등장 이후 실시간 푸시Push 기능이 강력해지면서 이메일 앱을 설치한 경우 거의 실시간으로 이메일을 확인하는 것도 가능해졌기 때문이다. 또한 이메일은 여전히 시각적 성격이 강한 미디어다. 파일 첨부나 링크 삽입 등을 통해 음성적 미디어를 첨부할 수 있지만 여전히 문자나 그림 등이 주요한 전달 도구이다.

이메일은 발신자가 중심이 되는 미디어다

이메일은 철저하게 발신자 중심의 미디어다. 발신자가 어떤 내용을 담고자 하느냐에 따라 내용이 결정되고, 그 내용을 바탕으로 커뮤니케이션의 진전이 이루어진다. 특별한 경우가 아니고서야 다른 누군가가 발신자가 만드는 내용을 구성하는 데 참여하거나 중간에 끼어들기 어렵다. 또한 생각을 정리하여 문자로 작성한다는 것에서 객관성을 확보하기도 쉽다. 말로 무언가를 표현할 때는 즉시적으로 떠오르는 감정이나 주관적 생각들이 여과 없이 흘러나와 커뮤니케이션의 흐름을 바꾸기도 하지만 글로 표현할 때는 이로 인해 발생할 수 있는 변수들을 비교적 잘 통제할 수 있다.

**이메일은 문자성으로 일관되던 미디어 특성에
터닝 포인트가 되었다**

이처럼 이메일은 문자성이 강했지만 구술적 성격을 엿볼 수 있는 미디어였다. 이메일부터 시작하여 말하듯 글을 쓴다는 개념을 사용할 수 있게 되었다. 구술성이 높지 않았지만 문자성이 커지는 형태로 일관되던 미디어 환경에 의미 있는 터닝 포인트가 된 것이다. 말 그대로 미디어 발전 흐름에 역전 현상이 발생하기 시작했다.

〈이메일은 초기 단계의 말하듯 글을 쓰는 미디어다〉

블로그·카페가
모임의 방법을 바꾸다

블로그·카페, 사용자들이 직접 정보를 만들어 유통하다

초기 포털서비스들은 이메일을 중심으로 하여 정보를 제공하기 위한 각종 요인들을 배치하는 형태가 많았다. 특히 뉴스가 포털서비스 안으로 들어간 것을 주목할 필요가 있는데, 이는 훗날 포털서비스 성장에 중요한 영향을 미치게 된다. 그런데 뉴스는 인터넷 미디어로서 한 가지 부족한 부분이 있었다. 오프라인에서의 신문과 같이 여전히 기자들의 손에 의해, 여러 가지 상황과 맥락을 고려한 정제된 정보가 제공된다는 것이다. 이는 인터넷의 장점과는 맞지 않는 성격이었다. 이에 따라 인터넷 사용자들이 직접 정보의 생산과 유통에 나설 수 있는 장이 필요했다. 이것이 바로 블로그와 카페 서비스였다. 블로그·카페 서비스는 유저들이 만드는 정보 유통 플랫폼이라고 보면 된다. 두 개 서비스 간의 차이가 있다면 블로그는 기본적으로 개방을 추구하는 플랫폼이며, 카페는 커뮤니티 서비스 형태로 카페에 가입한 사람들을 중심으로 정보의 유통이 이루어진다는 점이다.

> **❓ 카페? 커뮤니티가 맞는 표현 아닌가요?**
>
> 카페는 인터넷 커뮤니티 서비스의 한 종류이다. 따라서 엄밀히 이야기하면 각 서비스명을 사용하기보다는 커뮤니티 서비스라고 표현하는 것이 옳다. 그러나 향후 다룰 서비스들도 일종의 커뮤니티 서비스이기 때문에 커뮤니티 서비스란 표현으로는 각각의 인터넷 서비스들을 차별화하여 설명할 수 없기에 서비스명을 직접 사용하고자 한다.

커뮤니티 서비스의 첫 단추를 카페로 끼우다

국내에서 카페 서비스를 처음 시작한 업체는 다음(現 카카오)이다. 사실 회사명과 서비스명 모두 동일하게 다음이었으나 현재 카카오와 합병되며 회사명은 카카오로 변경된 상태다. 다음은 1999년 '다음 까페'라는 최초의 카페형 커뮤니티 서비스를 시작하며 폭발적인 인기를 모으게 된다. 카페 서비스를 통해 사용자들은 주제별, 관심사별로 안면일식도 없는 사람들과도 정보를 얻고 나누기 시작한다. 앞서도 말했던 것처럼 사실 카페 서비스의 가장 큰 장점은 사용자들이 직접 참여하여 자신들의 지식과 경험을 나누기 시작했다는 것이다. 이전에는 얻기 어려웠던 소소한 정보들, 예를 들어 지역별 육아정보라든지, 컴퓨터를 사용하면서 발생하는 하드웨어적 문제 상황들에 대한 대응 등 현실적이고 실제적이며, 피부에 와 닿는 이야기들이 카페를 통해 공유되기 시작했다. 또한 교육 분야에서도 카페의 영향력은 대단했다. 수업 중 팀을 꾸려 함께 과제를 진행하는 팀 프로젝트 형태의 수업이 널리 활용되면서 학생들은 팀의 자료를 공유하고 서로 협력하여 과제를 만들어 가기 위해 카페 서비스를 사용하는 경우가 많았다. 아예 교수가 수업 관련 자료를 카페 서비스를 통해 배포하고 관리하는 경우도 흔하게 볼 수 있었다.

[QR20]
전지현 출연
네이버 CF

다음이 카페 서비스를 도입하여 성공을 거두며 당시 후발 주자였던 네이버도 카페 서비스를 시작하게 된다. 네이버는 2003년 블로그와 카페 서비스를 나란히 출시하며 광고 모델로 전지현을 내세운다.^{QR20} 네이버 가 1999년 시작된 이후 15년이 넘는 시간이 흐르는 동안 가장 공격적으로 TV광고를 했던 사례다. 당시 서비스 인지도가 다소 부족했던 네이버는 막강한 인기를 몰고 다니던 전지현을 광고 모델로 하여 블로그와 카페 서비스는 물론 네이버라는 포털서비스 자체의 인지도를 크게 높이게 된다. 실제로 당시 전지현이 나온 광고 시리즈의 인기는 상당했으며, '네이버'라고 하면 '전지현'을 연결시키는 사람이 많을 정도로 선풍적인 관심을 얻었다. 네이버의 카페 서비스는 비록 꽤 오랜 시간 다음의 벽을 넘어서진 못했지만 강력한 경쟁자로서 착실하게 사용자를 유입시켜 갔다. 이후 2007년즈음 두 회사의 카페 서비스는 비슷한 수준의 트래픽을 보이며 대등한 관계가 형성되기 시작하였으며, 2009년 이후부터는 네이버 카페가 다음의 카페 서비스를 넘어서게 된다.

QR20 [유튜브] 네이버 카페광고, 전지현

> **네이버 TV 광고가 몇 번 더 있었던 것 같은데요?**
>
> 사실 네이버가 TV광고에 공을 들였던 때는 이후에 크게 몇 차례 더 있다.
>
> 한 가지는 2011년 미투데이 서비스를 띄우기 위해 노력하던 시점이었다. 영화배우 송새벽을 출연시켜 "오늘의 미친 짓"이라는 카피를 갖고 새로운 소셜 네트워크 서비스였던 미투데이를 부각시키려 시도하였으나 결과는 참패로 끝났다. 한 때 나름 사용자들 사이에 인기 있는 서비스로 주목받았던 미투데이는 2014년 여름 서비스를 종료하며 역사 속으로 완전히 사라지게 된다.
>
> 또 다른 예는 2012년 네이버의 모바일 서비스들을 홍보하기 위해 웹툰을 활용한 광고를 진행했던 '네앱' 광고다. 당시 이 광고는 인기 있는 웹툰 캐릭터들을 광고모델로 활용하며, 네이버 에피소드를 "네앱!"이라고 줄이는 참신함을 발휘해 나름 사용자들의 이목을 끌어내었다. 이 광고가 결정적 역할을 했다고 보기에는 다소 부족함이 있으나 이후 네이버의 모바일 서비스들은 웹에서의 상황과 거의 동일하게 절대적인 점유율을 차지하며 인터넷 왕조를 이어가게 된다.

블로그가 1인 미디어의 광장이 되다

블로그는 1인 미디어 시대를 열게 한 단초 역할을 했다. 웹(Web)이란 단어와 로그(Log)란 단어의 합성어인 블로그는 사용자 개개인이 자신의 생각이나 일상 등을 기록하는 서비스다. 흔히 게시판이라고 하는 서비스와 달리 개인이 중심이 되는 서비스로 돈이나 상황적 요인에 영향을 받은 기존 미디어 서비스들과는 달리 진정성 면에서 높은 지지를 얻고 있다. 특히 특정한 물건, 음식, 서비스와 관련된 소비자의 경험담을 듣고 싶을 때 블로그가 활용되는 경우가 많다. 또한 기존의 뉴스 혹은 정보제공 미디어들이 하지 못했던 내용들에 대해 해당 분야의 전문가들이 자신의 경험과 생각들을 자유롭게 펼쳐 놓기에 사용자들은 얻을 수 있는 정보의 폭이 한껏 넓어지게 되었다. 전문가들이 특정 분야에 대해 블로그를 작성하여 많은 사람들의 인기를 얻거나 지지를 받을 경우, 파워블로거로 선정되기도 한다.

국내 블로그 서비스는 카페 서비스보다는 시장이 다소 복잡한 편이다. 카페 서비스는 포털사이트에서 제공하는 서비스 중 하나로서 개별적 구축이 쉽지 않지만, 블로그 서비스는 그렇지 않기 때문에 포털사이트에서 제공하는 플랫폼 외에도 개별적 블로그를 운영하는 경우도 많기 때문이다. 이런 상황을 모두 다 언급하기는 쉽지 않기에 포털사이트에서 제공하는 블로그 서비스를 중심으로 상황을 살펴보면 사실상 네이버가 중심에 있었다고 할 수 있다. 2003년 네이버, 엠파스, 야후 등이 블로그 서비스를 오픈했고, 이후 다음도 블로그 서비스를 오픈했으며, SK컴즈 역시 페이퍼라는 블로그 서비스를 갖고 시장에 뛰어들었다. 하지만 네이버 외의 기업들은 큰 재미를 보지 못했다. SK컴즈는 자체 블로그 서비스가 부진하자 이미 어느 정도의 기반을 갖고 있던 이글루스라는 블로그 서비스를 조건부 인수하기도 한다. 하지만 큰 전환점을 만들지는 못했으며, 이글루스는 이후 줌이라는 신생 서비스에 다시 인수되게 된다. 다음의 경우는 다른 기업들보다는 상황이 좋은 편으로, 2007년 티스토리라는 이름으로 서비스를 개편한 후 현재까지 긍정적 반응을 얻고 있다. 다만 블로그는 서비스 특성상 검색엔진에 절대적 영향을 받기 때문에, 실질적으로 2005년 이후 검색점유율에서 단독 1위로 독주한 네이버의 블로그가 가장 많은 사용자를 가진 서비스로 자리매김하게 된다.

공개적 정보 공유의 장으로 블로그·카페가 활용되다

블로그는 메시지의 무게감이나 신뢰성 부분에서 이메일에 비해 부족하지 않다. 일반에 공개되는 내용이며, 가입자수나 게시물 숫자(카페), 카운터나 댓글(블로그) 등을 통해 해당 블로그·카페가 얼마나 인기가 있는지 측정 가능하다. 이를 통해 우수 카페나 파워블로그 등으로 선정되면 유무형의 물질적·비물질적 혜택들을 누릴 수 있는 가능성이 있다. 실제로 가입자가 많은 카페들은 상업적 목적으로 고가에 거래가 되기도 하며, 파워블로그의 경우에도 블로거가 돈을 받고 리뷰나 후기를 쓰기도 한다. 그러나 이러한 상업적 운영으로 인해 블로그에 대한 전체적 신뢰성에 타격을 입히는 경우도 종종 발생하고 있다. 최근 특히 비윤리적으로 파워블로그를 운영하는 블로거에 대한 비판이 거센데, 갑자기 식당이나 사업장을 찾아와 자신이 파워블로거라며 돈을 주면 좋은 리뷰를 올려주겠다는 제안을 하는 경우까지 있다고 한다. 이러한 비상식적 파워블로거를 비꼬아 파워블로'거지'라고 부르는 사람들도 있다. 안타깝고 부끄러운 IT강국 대한민국의 자화상이 아닌가 싶다.

다만 이러한 신뢰성 문제에 대해 서비스 모델상 스스로 정화할 수 있는 구조도 갖고 있다. 카페의 경우 비정상적 활동을 하는 사람은 탈퇴시켜버릴 수 있다. 해당 카페에서 지속적으로 활동하기를 원한다면 원칙과 기준을 준수해야 할 필요가 있는 것이다. 블로그의 경우 양질의 게시물을 올려야지만 많은 사람들의 재방문을 유도할 수 있다. 즉, 비정상적인 게시물을 등록할 경우, 즉각적으로 필요했던 작은 이득은 얻을 수 있겠지만 장기적으로 봤을 때는 사용자들을 떠나게 하는 요인으로 작용한다. 따라서 게시물의 질 문제에 대해 블로거 스스로 가장 예민하고 민감해야만 한다. 이러한 구조는 게시물의 질 관리를 위해 가해지는 특정한 조치 이전에 자발적이고 자생적으로 이루어지게 된다. 물론 비정상적인 방법으로 방문자 유도하는 행위를 하거나 부정을 저지를 경우 블로그 서비스를 제공하는 포털사이트 측면에서도 관리가 들어가곤 한다.

블로그·카페의 특성을 편향성에 비춰보다

블로그·카페 서비스를 구술성과 문자성의 키워드로 정리해 보면 여전히 문자성이 구술성보다 높다고 볼 수 있다. 그러나 아날로그 미디어들에 비해서는 물론이고, 앞서 논의했던 이메일 서비스보다도 구술성이 더 많이 회복했다고는 볼 수 있다. 즉, 회복의 크기가 점점 더 커져가는 방향으로 흘러가는 것이다.

블로그·카페는 집단적 커뮤니케이션을 한다

일단 블로그·카페 서비스는 이전의 이메일 서비스와 달리 집단적 커뮤니케이션 성격이 강해진 것이 큰 특징이다. 이전 이메일 시대의 경우 1 대 다수의 커뮤니케이션이 불가능하진 않았지만 주로 1:1의 커뮤니케이션을 중심으로 하였으며, 커뮤니케이션의 대상 역시 특정한 사람으로 제한되는 경우가 많았다. 이러한 특성이 틀어지면 오히려 문제가 되는 커뮤니케이션이 되기도 한다. 이메일을 통한 잘못된 커뮤니케이션의 대표적인 사례가 스팸Spam 메일이다. 스팸 메일은 이메일 커뮤니케이션의 기본적 형태가 완전히 깨져있다. 일단 1 대 다수의 커뮤니케이션이며, 심지어 불특정 다수를 대상으로 한다. 이러한 스팸 메일은 많은 사람들에게 광고를 할 수 있다는 장점은 있지만 '메일함'이라고 하는 지극히 개인적인 공간에 대한 침해로 인식되기도 하기 때문에 불쾌감을 유발하거나 광고 측면의 역효과를 가져오기도 한다. 그러나 카페나 블로그, 특히 카페의 경우 집단적 커뮤니케이션을 장점으로 한다. 특정한 의도를 갖고 모인 개인이 집단을 이루어 각자 자신이 필요한 내용의 이야기들을 펼치도록 구성되어 있다. 메일함처럼 개인적인 공간이라고 할 수 없다. 공동의 공간임이 전제로 되어 있기에 가입된 회원인지의 여부가 더 중요한 사항이다. 사람들은 이 공간을 통해 개인의 이야기들을 펼친다. 자신이 알고 있는 것, 보았던 것, 경험했던 것들을 생생하게 내어 놓는다. 또한 누군가가 내어놓은 것을 가져가 자신의 것으로 만들기도 한다. 즉, 소위 말하는 광장형 커뮤니케이션의 모델이라고도 할 수 있다.

〈구글의 레퍼런스 폰 사용 관련 정보를 다루는 카페 '구글 레퍼런스 포럼'의 대문〉

개인적으로 카페 서비스와 관련된 재미있는 경험을 해 본 적도 있다.

대학 시절 휴학을 하고 가정방문 컴퓨터 교육사업을 했었다. 컴퓨터를 가가호호 방문하여 가르친다는 것에는 특정 분야의 컴퓨터 지식을 가르치는 강사와 달리 특별한 기능 한 가지를 더 갖고 있어야 한다. 바로 하드웨어로서의 컴퓨터에 대한 지식이다. 기계적 차원의 컴퓨터 지식이 필요한 이유는 매우 간단하다. 컴퓨터를 가르치러 방문했다가 그 집의 컴퓨터가 고장 나면 수업을 할 수 없기 때문이다. 그런데 집으로 컴퓨터 강사를 초청해서 수업을 듣는 사람들의 경우 컴퓨터에 대한 문외한들이 많으며, 특히 하드웨어적 부분에 대해서는 아는 바가 전혀 없는 경우가 대다수였다. 따라서 이런 환경에서 컴퓨터를 가르치러 가정에 방문했는데 컴퓨터에 문제가 있으면 수업을 할 수 없게 된다. 따라서 강사는 수업을 진행할 수 있을 정도 수준으로 컴퓨터를 정상화시킬 수 있어야만 했다.

그런데 집집마다 컴퓨터는 다 다르고, 발생하는 문제의 종류들도 천차만별이다. 이럴 경우 어떻게 이 문제를 해결해야 할지 막막한 경우도 많다. 이때 도움이 되었던 것이 컴퓨터 하드웨어 관련 카페였다. 파워유저를 자청하는 사람들이 다양한 상황에 대한 대응 방법을 올려주고, 궁금한 내용에 대해 게시를 하면 그것에 친절하게 답해주는 이상적인 학습 공동체였다. 이 공간을 통해 평소에도 컴퓨터에서 발생하는 문제에 대한 사전 학습을 하였고, 문제가 터지면 바로 수습할 수 있는 소스를 얻기도 했다. 이처럼 카페는 기존의 정보 유통 방식에서는 찾을 수 없는 현장 중심의 사용자들이 만들어가는 생생한 정보들을 얻고 공유할 수 있는 플랫폼이었다.

블로그도 카페의 경우와 크게 다르지 않다. 차이가 있다면 카페보다 더 개방적인 플랫폼이라는 것이다. 일단 블로그는 누군가의 가입을 필요로 하지 않는다. 검색을 통해, 혹은 다른 누군가가 제시한 링크를 통해 별다른 가입 절차 없이 게시물로 접근할 수 있다. 카페의 경우 가입 요건 자체에서 목적이나 향후 하고자 하는 행동들이 정의되는 경우가 많지만 블로그는 그렇지 않다. 블로거 자신이 쓰는 이야기가 곧 그 블로그의 목적이자 행동일 뿐 제한이 있을 수 없다. 단, 신변잡기적 주제보다는 특정 분야에 대한 전문성을 드러내고자 하는 경우가 많기 때문에 자연스럽게 주제가 잡히는 경우가 많다. 사용자들은 자신의 관심 분야 혹은 키워드에 맞춰서 블로그에 접근하여 정보를 얻고, 댓글을 달아 자신의 생각들을 표현하게 된다. 블로그의 경우 카페처럼 가입이 필요하지 않지만 방문자가 해당 블로그에서 정보를 계속 얻을 수 있을 것으로 판단할 경우 이웃으로 추가할 수 있다. 이러한 이웃의 숫자는 블로그의 힘을 표현해주는 또 다른 방법으로 여겨지기도 한다.

블로그·카페의 이러한 집단적 커뮤니케이션 성격은 구술성의 회복으로서 갖는 의미가 크다. 우선 선형적 커뮤니케이션이 줄어들고 동시다발적인 커뮤니케이션이 가능해진다. 굳이 내가 누군가의 메시지를 기다릴 필요가 없다. 그런 것이 있다 하더라도 대응을 할지 말지는 또 다른 이야기이다. 부가적으로 계속 이야기를 붙여가며 커뮤니케이션 할 수 있다.

블로그·카페는 글쓰기의 부담이 줄었다

또한 블로그·카페 서비스는 구술적, 청각적 면에서도 이메일 서비스 시대에 비해 진일보한 모습을 보인다. 이 과정에는 단순히 블로그·카페 서비스의 특성적 문제에서만이 아니라 기술적인 지원을 받음으로 가능해진다. 웹에서 문서를 작성하기 쉽도록 만들어주는 텍스트 에디터 기능이 시간이 지날수록 강력해지는 것이다.

[QR21]
HTML

사실 웹에서 글을 쓸 때는 다양한 기능들을 활용할 수 없었다. 주로 텍스트를 쓰는 것이 중심이었으며, HTML 모드를 지원하는 경우, HTML 태그Tag^{QR21}를 아는 사람들만이 마치 프로그래밍을 하듯 약간의 글장식을 할 수 있었다. 사실 그 글장식의 수준도 기껏해야 글씨를 굵게 한다든지, 폰트를 변경한다든지, 그림을 넣는다든지 하는 기본적 수준이었다. 하지만 이정도 수준을 구현하는 데 있어서도 적지 않은 지식과 경험을 필요로 했다. 하지만 지금도 이러한 HTML 태그와 관련된 지식이 필요할까? 아니다. 이제는 그런 지식은 거의 의미 없는 것이 되어 버렸다. 클릭 몇 번만으로 과거 프로그래밍에 준하는 수준의 기술을 익혀야 가능했던 것들보다 훨씬 더 좋은 이미지로 문서를 꾸밀 수 있다. 웹에서의 텍스트 에디터 기능이 워드프로세서 소프트웨어의 수준과 거의 유사해지고 있는 것이다.

[QR22]
네이버 스마트
에디터3.0

이제는 글을 쓰고 에디터에서 제공하는 각종 기능들을 활용하여 그림을 넣거나, 동영상을 넣을 수도 있으며, 링크를 걸 수도 있고, 지도를 첨부하는 등의 더 복잡한 것들도 구현할 수 있다. PC뿐만 아니라 모바일에서도 더 세련된 글쓰기 및 장식을 할 수 있도록 에디터 역시 꾸준히 진화하고 있다.^{QR22} 다양한 대상들을 집

QR21 [위키백과] HTML
QR22 [NAVER 포스트] 누구나 쉽고 예쁘게 글을 쓸 수 있는 SmartEditor 3.0을 오픈했습니다!

어넣을 수 있게 되면서 카페나 블로그의 내용을 작성하는 데 있어서 글의 비중은 점차적으로 감소해 갔다. 멋진 글솜씨가 있어야만 카페나 블로그에 게시물을 남길 수 있는 것이 아니다. 쉽고 간편한 다른 구성 요소들을 활용해서도 얼마든지 새로운 게시물들을 만들어낼 수 있게 되었다.

블로그·카페는 더 많은 사람들이 정보의 생산에 참여하도록 이끈다

텍스트 에디터에 기능이 강해질수록 참여적 성격도 높아진다. 더 쉽고 간단하게 게시물을 작성할 수 있다는 것은 더 많은 사람들을 참여시킬 수 있음을 반증한다. 장문의 글을 쓸 필요가 없어지면, 글솜씨가 없는 사람도 게시물을 올릴 수 있다. 카메라가 편한 사람은 사진만으로도 게시물을 올릴 수 있다. 포토샵 같은 이미지 편집 프로그램을 사용할 수 없어도 텍스트 에디터에서 지원하는 프로그램으로 간단한 이미지 보정을 할 수 있다. 이처럼 에디터의 기능 강화는 이전에 인터넷을 활용한 게시물 작성에 불편함을 느끼던 사람들까지도 서비스 안으로 끌어들일 수 있게 된다. 특히 카페나 블로그가 젊은 세대나 소수만이 즐기는 서비스가 아니라 남녀노소 가릴 것 없이 누구나 마음만 먹으면 활용할 수 있는 플랫폼으로서 자리 잡을 수 있도록 만든 것이다. 이러한 일련의 과정을 통해 더 많은 사람들이 참여할수록, 더 다양한 의견들이 등장할수록 해당 카페나 블로그의 가치는 높아진다. 소수의 전문가에 의해, 여러 가지 정치적, 경제적, 사회적 변수들 사이에 제단된 정보가 아니라 현실적이고 현장중심적인 정보들이 모이고, 업데이트되며, 공유 및 확산되는 그림을 볼 수 있게 된다.

미니홈피로
친구 사이에 파도를 타다

커뮤니티 시장에 태풍이 불다

 2000년대 초반은 인터넷 커뮤니티 시장은 역사에 길이 남을 여러 사건들이 벌어진다. 전국민을 동창회 열풍으로 몰아넣었던 '아이러브스쿨', 신변잡기적 이야기를 게시물의 주요 소재로 활용하는 개인형 커뮤니티의 시작인 '프리챌' 등이 예이다. 아이러브스쿨은 수많은 이야기들을 남긴 채 경영과정에서의 과실로 시장에서 순식간에 사라져버렸고, 프리챌 당시 많은 인터넷 사업자들의 꿈이었던 유료화라는 승부수를 띄웠다가 참담한 결과를 받아 들고 말았다. 이러한 전쟁 같은 상황에서 포탄을 뚫고 살아남은 서비스가 있었으니 바로 싸이월드의 미니홈피였다. 싸이월드는 초창기부터 화려한 스포트라이트를 받던 서비스는 아니었다. 1999년 오픈하여, 이후 소리소문 없이 성장을 거듭하던 중에 중대한 두 가지 사건을 경험하면서 전환기를 맞게 된다.
 첫 번째 사건은 앞서 언급했던 프리챌의 유료화다. 사실 당시 프리챌은 남 부러울 것이 없는 커뮤니티 서비스 업계의 강자였다. 프리챌의 인기가 절정에 달했을 때의 경우 월 방문자수가 1,000만 명을 돌파하기도 했다. 그러나 2002년 전격적으로 시행한 유료화가 결과론적으로 시의 적절하지 못했던 것으로 판정이 나버렸다. 유료화에 반발이 있겠지만 그동안 쌓아둔 자료 때문이라도 쉽게 프리챌을 떠나지 못할 것이라는 예상과 달리 많은 회원들이 서비스를 탈퇴하였다. 이 과정에서 이탈한 프리챌 회원들 중 상당수가 새로운 거주지로 싸이월드를 선택하게 된다.

두 번째 사건은 2003년 이루어진 SK컴즈와의 합병이다. 프리챌 대란과 싸이월드로 이민(?)가는 사용자가 늘어나면서 SK컴즈는 전략적 선택을 하게 된다. 싸이월드를 자사 서비스로 인수한 것이다. 싸이월드는 SK컴즈에 인수되면서 보다 폭넓은 서비스 확산을 위한 기틀을 마련하게 되었고, 이후 한동안 순풍에 돛 단 듯 성장일로를 걷게 된다.

미니홈피, 공짜 일색의 인터넷 서비스에 유료화를 안착시키다

싸이월드 미니홈피가 거둔 의미 있는 성과는 여러 가지가 있는데, 가장 큰 성과는 역시 부분 유료화의 성공적 안착일 것이다. 도토리라는 자체 결제수단을 기반으로 아이템을 구매하고 싶다면 돈을 지불하는 형태의 유료화 모델을 도입해 싸이월드의 성장에 직접적 효과를 거두었으며, 유관 분야 서비스에도 간접적 영향을 끼쳤다. 당시 도토리는 친한 사람들 사이에 가벼운 선물의 역할까지 담당했었다. 미니홈피를 꾸미기 위해서는 도토리가 꼭 필요하지만 직접 결제를 한다는 것이 썩 내키지 않는 사람들도 도토리를 선물 받는다면 가벼운 마음으로 각종 아이템들을 구매하곤 했다. 중고등학생들에게 주는 선물로서 의미가 각별했던 문화상품권 역시 도토리를 결제하는 수단으로 활용이 가능했다. 때문에 책이나 영화 때문이 아니라 도토리를 결제할 수 있다는 이유로 문화상품권을 원하는 학생들도 많이 있었다.

도토리를 통해 사용자들이 주로 결제했던 상품은 미니홈피 중앙에 자리한 '미니홈'이라는 것을 꾸미는 아이템, 혹은 미니홈피의 전체적 외관을 바꿔주는 '스킨', 그리고 미니홈피에 방문하면 들려주는 '배경음악'이 주를 이루었다. 스킨의 경우 구매 이후 사용할 수 있는 기간에 제한을 두어 지속적인 재구매를 유도했으며, 미니홈이나 배경음악의 경우 사용자들이 자신의 상태나 감정 등을 표현할 수 있도록 유도하여 상황에 따라 아이템들을 계속해서 교체하고 싶은 마음이 들게끔 구성하였다. 특히 싸이월드는 디지털 음원을 유료로 유통하는 새로운 서비스 모델을 발굴했다는 데 음원시장에 미치는 영향이 지대하였으며, 싸이월드의 성공 이후 스트리밍 기반의 음원 서비스 모델들이 출시되는 결과를 가져왔다.

미니홈피 때문에 디지털카메라 판매량이 늘다

싸이월드 미니홈피가 시장에 미친 강력한 영향이 또 한 가지 있다. 인터넷 서비스와는 전혀 상관 없는 디지털 카메라 시장을 성장시키는 데도 영향력을 행사한 것이다. 미니홈피의 가장 큰 특징은 사진 중심으로 게시물을 구성한다는 데 있다. 즉, 글이 아니라 사진을 중심으로 커뮤니케이션 하는 것이다. 이는 이전의 카페나 블로그의 커뮤니케이션 방법과도 분명한 차이를 보이는 부분이다. 이렇게 사진을 중심으로 게시물을 작성하다 보니 자연스럽게 사진을 찍을 수 있는 카메라의 중요성이 부각되었다.

싸이월드가 번성한 2000년대 중반을 중심으로 디지털카메라 시장도 따라 성장하게 된다. 요즘은 디지털카메라도 인터넷을 통해 구매하는 경우가 흔하지만 그 당시만 해도 사람들이 직접 매장에 방문하여 구매하는 경우가 대부분이었다. 그렇다 보니 디지털카메라를 비교적 싼 가격에 살 수 있었던 남대문수입상가 같은 곳에서는 디지털카메라를 사기 위해 몇 시간씩 긴 줄을 서야만 하는 일도 벌어지곤 했었다. 당시 인기 있던 디지털카메라 모델도 독특한 특징이 있었다. 미니홈피에 올리는 사진의 대상은 사진 찍는 사람 자신인 경우가 많았다. 결국 나의 일상을 보여주는 데 초점이 맞춰져 있는 것이다. 따라서 나를 잘 찍어 줄 수 있는 카메라여야 했다. 이런 시대적 특징에 어울리는 기능적 디자인을 가져 히트를 기록한 제품이 다음 그림의 디지털카메라이다.

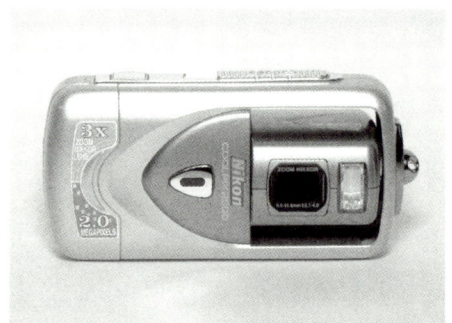

⟨Nikon Coolpix 2500⟩

당시 '국민 디카'라고도 불리던 이 카메라의 가장 큰 특징이자 장점은 바로 렌즈 부분이 360도 회전하여 셀카를 찍기 쉽게 만들어준 것이다.

9 셀카란 셀프카메라의 줄임말로 촬영자가 자기 자신을 촬영하는 것을 가리킨다. 영어로는 셀피(selfie) 라고 하며 2013년 11월, 옥스포드 영어사전 올해의 단어로 선정되기도 했다. 셀카는 전 세계적인 하나의 문화로 자리 잡았으며, 한국은 이러한 셀카 문화에 선봉에 서 있다. 최근 스마트폰으로 사진을 찍는 경우가 많아지면서 스마트폰으로 셀카를 찍기 위한 새로운 방법인 셀카봉이라는 것이 등장하기도 했으며, 이 역시 전 세계적으로 선풍적인 인기를 얻고 있다.

요즘에야 DSLR과 같은 대형 카메라의 경우에도 뷰파인더가 자유자재로 움직이기 때문에 사진을 찍는 사람도 자신의 모습을 보면서 촬영을 하는 것이 어렵지 않지만 Coolpix 2500이 출시될 당시에만 해도 그렇지 않았다. 일반적인 카메라 혹은 디지털카메라들의 렌즈는 전면부를 향하고 있었고, 대상의 이미지를 보여주는 뷰파인더는 사진 찍는 사람을 향해 있었다. 따라서 셀카를 찍기 위해서는 렌즈를 통해 자신이 어떤 모습으로 잡혀있는지 확인하지 못하고 카메라 전체를 자신 쪽으로 뒤집어 촬영을 했어야만 했다. 당연히 한번에 원하는 사진을 찍기란 어려웠으며, 찍는 방법 또한 불편했다. 이런 상황 속에서 등장한 이 카메라는 렌즈를 회전시킬 수 있도록 만듦으로써 사진을 찍는 사람이 뷰파인더와 렌즈를 모두 보면서 촬영을 할 수 있다는 장점이 있었던 것이다. 사용자들의 만족도도 좋은 편이었고, 선풍적인 인기를 끌며 높은 판매고를 올렸다. 이후 유사하게 렌즈가 돌아가는 형태의 디지털카메라들이 몇 종류 더 등장했다. 하지만 셀카를 찍기에 적합한 형태로의 디지털카메라의 진화는 렌즈가 아닌 뷰파인더가 돌아가는 형태를 택했고, 요즘 출시되는 디지털카메라들은 앞서 잠시 언급했던 것처럼 대부분 뷰파인더가 사진을 찍는 사람이 원하는 방향에 따라 움직일 수 있도록 만들어지고 있다. 더 좋은 화질의 사진을 얻기 위해 렌즈가 대형화되는 과정에서 발생한 자연스러운 변화였다.

미니홈피가 친구의 개념을 바꾸다

미니홈피가 많은 사용자를 끌어들인 또 다른 중요한 이유가 있다. 미니홈피 서비스의 정체성과도 연결이 되어있었던 인맥, 즉 관계중심의 인터넷 서비스였다는 것이다. 미니홈피 서비스의 중심에는 '일촌'이란 개념이 있었다. 일촌이란 친한 사용자끼리 관계를 맺는 것을 말하는데, 일촌 관계는 한 사용자가 다른 사용자에게 일촌 관계를 맺어줄 것을 요청하는 쪽지를 보내 그것을 상대방이 받아들이면 이뤄진다. 이 과정에서 서로를 어떻게 부를 것인지, 어떤 관계인지를 표현하는 호칭을 달아야 한다. 개인적으로는 참 낯 간지러운 일들이 많았던 것으로 일촌과 관련된 중요한 기능 중 하나라고 볼 수 있다.

일촌의 가장 큰 특징은 일촌만이 누릴 수 있는 특혜가 있다는 것이다. 즉, 일촌 여부에 따라 게시물에 대한 접근 권한을 관리할 수 있다. 일촌이 되면 일촌이 아닌 사람들과는 달리 숨겨진 게시물을 볼 수 있고, 일촌인 사람들끼리 연락처 등 개인 정보를 주고받을 수 있는 것이다. 일촌들 가운데에서 특별히 중요하게 생각하는 상대가 있을 경우 그 상대를 '관심 일촌'으로 지정할 수 있다. 관심 일촌이 되면 상대의 접속 정보, 미니홈피 업데이트 정보 등을 자세히 확인할 수 있다. 재미있는 것은 내가 누군가의 관심 일촌인지의 여부를 나는 알 수 없다는 것이다. 관심 일촌은 오직 관심 일촌을 지정한 사람만이 확인하고 조정할 수 있는 정보인 것이다. 맺을 수 있는 일촌의 수는 제한이 없지만 관심 일촌은 최대 300명까지 지정할 수 있었다.

그러나 이러한 일촌 기능은 역기능도 있었다. 특히 관계에 예민한 청소년들 사이에서는 일촌맺기가 왕따 문제로까지 비화되기도 했다. 누군가는 일촌 신청을 받아주고, 다른 누군가는 받아주지 않는 형태로 친구 관계를 조절하기도 하고, 평소에는 잘 드러나지 않던 특별한 관계의 뭉치들이 쉽게 표면으로 떠오르게 되었던 것이다. 실제로 미니홈피로 인한 청소년 문제에 관련된 연구들이 이 시점에 진행되기도 했다.

또한 자신의 일촌이 누구인지 공개를 해두게 되면 '일촌 파도타기'라는 것이 가능해지는데, 자신의 일촌의 일촌을 따라가며 관계의 연을 넘나들 수 있는 것이다. 이렇게 되면 사용자들 간에 존재했던 인간 관계의 끈들을 찾을 수 있다는 점에서는 장점이 있다고 할 수 있지만, 사생활 침해나 불편한 사람들과의 원하지 않는 접촉이 이루어지는 등 적지 않은 부작용들을 노출하게 되었다. 또한 자신의 인맥을 과시하기 위해 무작위로 일촌을 맺어가며 자신의 일촌 수를 늘려간다든지, 자신의 미니홈피 방문자 숫자를 많아 보이도록 하기 위해 조작을 시도하는 경우도 있었다. 더 나아가 자신의 미니홈피에 방문한 사람이 누구인지를 추적하는 방법들이 인터넷에 떠돌기도 했다. 한마디로 싸이월드 미니홈피가 사용자들의 큰 인기를 얻은 만큼 수많은 사회적 이슈와 문제들을 안고 있기도 했다.

미니홈피가 말을 트이게 하다

미니홈피는 인적 네트워크를 바탕으로 텍스트 중심의 커뮤니케이션 형태를 탈피하는 중요한 시작점이 되었다. 즉, 사용자가 안면 일식 없는 사람들을 대상으로 하는 것이 아니라 주변 사람들이나 아는 사람들을 중심으로 커뮤니케이션 하도록 서비스가 구성되었으며, 그 커뮤니케이션 방법으로 사진을 활용한다는 것이다.

우선 아는 사람을 중심으로 내용을 꾸며간다는 것은 자신의 일상을 노출하는 데 부담이 없도록 만들었다. 내가 누구를 만났고, 어디를 갔었고, 무엇을 먹었는지가 콘텐츠가 되는 신변잡기적 이야기가 커뮤니케이션의 주류로 등장하게 된다. 따라서 자신의 이야기를 공유하는 방법을 복잡하게 고민하지 않아도 된다. 글이 아니라 사진으로 찍어서 공유하면 되니까. 1980년 이전 태생의 사람들의 경우 친구네 집에 놀라가게 되면 찾아보게 되는 중요한 것들 중 하나가 앨범이었다. 앨범은 그 사람의 오늘이 아니라 어제를 볼 수 있는 기회가 되며, 그 집에 가지 않으면 볼 수 없는 것이기에 앨범을 보았다는 것만으로 서로 간의 관계를 더욱 특별하게 만들어주는 역할을 했다. 바로 그 앨범이 인터넷에 구현된 것이 미니홈피라고 볼 수 있다. 친하지 않으면 알 수 없는 그 사람의 바로 어제 이야기, 이제는 그 집에 방문할 필요도 없이 '일촌이라면' 바로 인터넷에서 확인할 수 있게 된 것이다.

글이 아닌 이미지로 내용을 구성한다는 것은 문자로 하는 커뮤니케이션을 탈피한다는 데 중요한 의미를 가진다. 우리나라의 문맹률은 2% 수준으로 전 세계적으로 볼 때 낮은 편에 속한다. 즉, 대부분의 사람들이 문자를 읽고 쓸 수 있는 능력은 갖고 있다. 하지만 글로 어떤 내용을 쓴다는 것은 부담스러운 작업이다. 문어체로 무엇인가를 표현하기 위해서는 말로 이야기하는 것보다 논리적이고 체계적으로 내용을 구성할 수 있어야 하기 때문이다. 이런 특성으로 인해 문자의 비중이 높은 블로그의 경우 사용자들이 진입하기 쉽지 않다. 게시물을 만들어 내는 것에 대한 부담감이 있기 때문이다. 그런데 카메라를 활용하여 사진으로 게시물을 작성한다면 이야기는 달라진다. 카메라는 셔터 한 번 누르는 것만으로도 많은 이야기를 담아낼 수 있기 때문이다. 이에 따라 미디어의 소통 방법이나 특징에도 변화가 생긴다.

일단 참여적 성격이 강해진다. 카메라는 매우 쉬운 메시지 작성 도구이다. '찰칵' 한 번으로 전달하고자 하는 내용, 시간, 장소, 의미 등 많은 것을 담아낼 수 있다. 카메라만 있다면 사진을 찍는 것 그 자체는 어렵지 않다. 5살짜리 아이라도 카메라를 들 수 있는 손아귀 힘만 있다면 사진을 찍을 수 있다. 따라서 글쓰기에 비해 상대적으로 참여의 가능성이 매우 높아진다. 물론 사진을 찍는 것과 잘 찍는 것 사이에는 차이가 있다. 어린 아이의 경우 사진을 찍는다고 할지라도 앵글이 틀어지고 중요한 부분이 프레임 밖으로 나가는 등 오류가 있을 수 있다. 성인의 경우라도 사진 안에 스토리를 잘 담아내고, 좋은 구도로 장면을 재현해낸다는 것은 교육을 받거나 상당한 노력을 하지 않는 다음에야 쉽지 않기는 하다. 하지만 이러한 질적인 부분이 메시지를 만들어내는 문제와 완벽하게 직결되지는 않는다. 서툰 솜씨로라도 얼마든지 메시지를 만들고 공유할 수 있다.

또 다른 특징은 구술적 성격이 높아진다는 것이다. 미니홈피를 작성하는 데 활용되는 카메라는 디지털카메라 중심이다. 필름 카메라로 사진을 찍어 현상 후 스캔하여 이미지를 올릴 수 있기도 하지만 기본적으로 디지털카메라로 촬영되는 경우가 일반적이다. 디지털카메라라는 것은 한 장의 사진을 찍는 데 드는 비용이 0원에 가깝다. 24장, 36장짜리 롤Roll 필름을 쓰던 시대에는 사진 한 장 한 장, 셔터 한 번이 곧 돈과 연결이 되지만 디지털카메라는 그렇지 않다. 사진을 찍고, 뷰파인더로 보고, 마음에 안 들면 다시 찍게 된다. 요즘은 좋은 장면과 표정을 얻고자 기본적으로 동일 상황에서 2~3회 이상 셔터를 누르게 된다. 아니면 일부러 연사로 여러 장을 찍는 경우도 있다. 순간순간 움직이는 동작들을 연이어 포착하기 위해 십 여장의 사진을 일부러 연이어 찍기도 한다. 따라서 사진 한 장에 많은 것을 함축하여 촬영을 하기보다는 여러 장을 찍어 현장의 느낌과 자신의 생각을 표현하는 경우가 많다. 따라서 게시물의 메시지는 첨가적으로 구성된다. 한 장으로 모자라면 다른 사진을 이어 붙여 말하고 싶은 바를 더욱 구체적으로 표현할 수 있게 된 것이다.

커뮤니케이션 방식도 선형적이기보다는 모자이크적으로 구성된다. 모자이크적이라는 것은 하나의 방향을 따라 흘러가는 선형적 특성과 반대되는 개념이다. 쉽게 말해 동시에 여기저기, 이것저것, 원하는 것부터, 중요하다고 생각하는 것부터 고려하는 것을 뜻한다. 사진이라는 것은 시각적 감각이 갖고 있는 본래적 성격을 활용할 수 있도록 한다. 글은 앞 뒤의 상황을 연결시켜 생각하도록 하여 선형적 사고를 유도하지만 사진은 그 자체로 보는 사람으로 하여금 보다 자유롭고 종합적인 사고를 할 수 있도록 돕는다. 여러 장의 사진을 통해 이야기를 하게 될 때, 물론 첫 번째 사진부터 순차적으로 볼 수도 있지만 모든 것을 한번에 인식하여 볼 수도 있고, 보는 사람에 따라 원하는 사진부터 선택하여 메시지에 접근할 수도 있기 때문이다.

미니홈피는 사진을 중심으로 커뮤니케이션한다는 것도 중요하지만 음악을 통한 청각적 요인들도 잘 활용된다는 특징도 있다. 음악은 사람들이 자신의 생각이나 감정을 표현하는 중요한 도구다. 90년대 중반, 무선호출기인 삐삐Pager QR23의 전성기를 생각해 보자. 메시지를 녹음할 것인지를 묻기 전 인사말을 담을 수 있는 짧은 공백시간에 많은 사람들은 음악을 집어넣었다. 이후 휴대폰 시대로 넘어오면서 벨소리에 자신이 원하는 음악을 편집해 만들기 시작했고, 통화연결음을 음악으로 바꾸기도 했다. 이렇게 음악은 개인의 성향과 상

QR23 [유튜브] 그때 그 광고 핑클의 삐삐 012, 015

태를 표현하는 중요한 도구로 활용되고 있다. 이러한 음악의 특징은 미니홈피에도 그대로 적용된다. 미니홈피의 음악 재생 기능은 사용자들이 자신이 좋아하는 음악을 공유하거나, 자신의 상태를 우회적으로 표현하는 방법으로써 사용되었다. 미니홈피를 구성하는 요인 중 하나로 음악은 매우 중요한 역할을 하였으며, 한 곡당 보통 600원 정도의 비용을 지불해야 했지만 많은 사용자들이 주기적으로 음악을 새로 구매하고, 변경하는 작업들을 하곤 했다.

미니홈피를 통해 구술성이 문자성을 역전하기 시작하다

그러나 이러한 미니홈피도 문자 커뮤니케이션의 흔적이 완전히 사라지지는 않았다. 여전히 글도 중요하게 활용되었고, 게시물들은 보통 객관적이며 비즉시적인 성격을 갖고 있었다. 미니홈피 내에서 가장 문자성이 강하게 드러났던 부분은 방명록이었다. 이 방명록은 기존의 문자적 성격이 강한 인터넷 미디어들의 성격을 그대로 갖고 있었다. 사용자들은 다른 사람의 방명록을 찾아가 글을 남기고, 그것에 답글이 달리기를 기다렸다. 답글이 달리면 다시 방문하여 소식을 묻고 올라온 사진들을 보는 등 선형적 형태의 커뮤니케이션도 이루어졌다.

이처럼 미니홈피는 문자적 성격도 여전히 강하긴 했지만 그보다는 구어적인 커뮤니케이션 성격의 특징이 더 강한 인터넷 서비스였다. 이에 따라 미니홈피는 문자가 인간의 문화 속에 자리를 잡은 이후 등장한 커뮤니케이션 방법 중 말로 하는 커뮤니케이션 성격이 문자에 의한 것보다 높게 나타나는 대표적인 전환점으로 여겨질 수 있을 것이다.

마이크로블로그 SNS는 말하는 대로 쓴다

마이크로블로그 서비스가 등장하다

2007년 초, 필리핀에 갔다가 알게 된 현지인 친구들에게 메일 주소를 주었더니 얼마 뒤 처음 보는 이름의 인터넷 서비스 초대 메일이 날라왔다. 그때는 그게 뭔지도 잘 모르고 그냥 미니홈피 같은 것이려니 하고 무심결에 가입한 후 한동안 쳐다보지도 않았는데, 시간이 좀 흐른 뒤 다시 보니 그게 페이스북 초대 메일이었다. 우리나라의 경우 화제가 되는 시점이 외국에 비해 다소 늦은 감이 있지만 트위터를 시작으로 하여 페이스북, 링크드인, 구글+, 카카오스토리, 인스타그램 등 다양한 마이크로블로그 서비스들이 널리 사용되고 있다.

> **마이크로블로그? SNS나 소셜 미디어가 맞는 표현 아닌가요?**
>
> 마이크로블로그라고 표현하니 다소 의아해하는 사람들이 있을지 모르겠다. 그냥 SNS(Social Network Service), 혹은 소셜 미디어로 표현하면 되는 것 아니냐고 생각할 수 있기 때문이다. 하지만 소셜이란 이름으로 해당 서비스들을 표현하는 것은 오해가 있을 수 있다. 트위터, 페이스북 이전의 서비스들은 소셜 미디어 서비스가 아니란 말인가? 그렇지 않기 때문이다. 바로 이전의 싸이월드 미니홈피의 경우 완벽한 SNS라고 할 수 있으며, 카페나 블로그 역시 사용자들 간의 관계가 중요한 요인이기에 소셜 미디어라고 할 수 있다. 따라서 트위터나 페이스북 등의 최근 SNS라고 불리는 서비스들은 짧은 단문형 블로그, 즉 마이크로블로그라고 부르는 것이 더 정확한 표현이라고 본다.

스마트폰이 마이크로블로그 열풍에 부채질을 하다

마이크로블로그들은 이전 인터넷 서비스들에 비해 획기적으로 강력한 도구적 지원을 받고 있다. 스마트폰 때문이다. 이전 인터넷 서비스들은 일단 무엇인가를 하기 위해 PC 앞에 앉아야 했다. 그리고 PC로 구현하지 못하는 것들, 이를테면 사진을 등록하기 위해서는 디지털카메라로 찍은 사진을 컴퓨터로 옮기거나, 혹은 필름 카메라로 찍은 사진을 스캔하여 디지털화하는 작업 등이 필요했다. 하지만 스마트폰은 이 모든 것을 한번에 해결한다. 스마트폰은 꽤 괜찮은 기능을 가진 컴퓨터이자, 카메라이자, 동영상 플레이어이자, 음악 플레이어이자, 게임기이자, 전화기이다. 어떤 앱App을 설치하느냐에 따라 더 많은 기능들을 가질 수도 있다. 사람들은 스마트폰만 있으면 하루 종일이라도 시간을 보낼 수 있다. 당장 필요한 거의 모든 것을 해낼 수 있기 때문이다.

 스마트폰은 말 그대로 인터넷을 쓰는 환경을 더 스마트하게 만들었다. 대부분의 서비스들이 앱 중심으로 구성되기 때문에 각각의 서비스별로 최적의 사용환경을 만들어낸다. PC에서 브라우저를 통해 서비스를 이용할 때는 브라우저가 갖고 있는 서비스 구현의 제약점들이 있다. 기능의 제약이라기보다는 사용자 인터페이스, 즉 UI^{User Interface} 상의 문제로 앱을 사용할 경우 더 사용자 친화적인 UI를 구현할 수 있다.

 또한 스마트폰은 카메라로 찍은 사진을 쉽게 서비스 쪽으로 업로드할 수 있도록 해준다. 디지털카메라의 경우 WiFi 기능을 가진 극히 제한적 모델이 아니고서야 찍은 사진을 바로 PC로 옮길 수 없다. 반드시 카메라와 PC를 선으로 연결하여 옮겨줘야만 했다. 따라서 사진을 찍은 즉시 사용하고 있는 각종 인터넷 서비스들 쪽으로 업로드하기 어려웠으며, 업로드 작업 자체가 불편하기도 했다. 그러나 스마트폰은 이런 번거로운 과정을 생략할 수 있도록 해주었다. 스마트폰으로 찍고, 스마트폰으로 인터넷에 올리기 때문이다. 이제는 거의 실시간으로 찍은 사진을 인터넷을 통해 공유할 수 있으며, 다른 사람들과 빠른 속도로 커뮤니케이션 할 수 있도록 만들어준다.

 반면에 스마트폰으로 메시지를 작성할 때 한 가지 맹점은 아무래도 글을 쓰기에는 불편하다는 것이다. 6인치 미만의 작은 화면 안에, '더 작은' 크기의 가상 키보드를 통해 장문을 시원스럽게 쓰기란 불편하다. 즉, 사진 찍기는 편한데 글쓰기는 불편한 구조로 인해 스마트폰을 통해 생산되는 메시지들은 자연스럽게 사진 중심으로 가기 쉽다. 미니홈피 시절부터 부각되기 시작한 사진 중심의 커뮤니케이션이 스마트폰의 지원을 받는 마이크로블로그 시대로 넘어오면서 더 공고해지는 것이다.

그 결과 이전에는 존재하기 어려웠던 새로운 형태의 서비스들도 등장할 수 있었다.

대표적인 예가 인스타그램이다. 인스타그램은 기본적으로 사진을 찍는 데 사용하는 카메라 앱이다. 인스타그램을 설치한 다음 사진을 찍으면 인스타그램에서 제공하는 각종 필터들을 적용할 수 있다. 또한 인스타그램으로 찍지 않은 사진이라도 인스타그램으로 가져와 필터를 입힐 수도 있다. 카메라 앱이라면 이런 기능을 제공한 것만으로도 부족함이 없다. 그런데 인스타그램은 한 발자국 더 나아가 인스타그램으로 찍은 사진들을 공유할 수 있는 마이크로블로그 서비스를 제공한다. 찍고, 필터 입히고, 공유하는 일련의 작업을 통해 사용자의 '지금'을 간단하게 공유할 수 있도록 만들었다. 또한 카메라 앱이다 보니 게시물에 글자를 적는 것에 관심이 없다. 기능을 제공하긴 하지만 쓰는 사람이 별로 없고, 글이 있다고 해도 별로 주목하지 않게 된다. 왜? 사진 앱을 통해 만들어진 사진 공유 마이크로블로그이기 때문이다.

실제로 인스타그램은 그동안 트위터로는 부족했던 사용자들의 욕구를 잘 채워주었다. 많은 연예인들이 자신의 지금 순간을 공유하기 위해 트위터와는 별도로 인스타그램을 많이 사용하고 있다. 해외 촬영 중의 멋진 장면이라든지, 자신이 공개할 수 있는 소소한 일상들을 인스타그램을 통해 보여준다. 인스타그램은 '먹방'의 도구로 활용되기도 한다. 음식이 나오면 사진부터 찍는 사람들 참 많다. 이 사진들은 대부분 블로그, 페이스북, 카카오스토리를 비롯한 각종 소셜 미디어 서비스에 올라가게 되는데, 특히 인스타그램에 음식 사진을 중심으로 포스팅하는 사용자들을 가리켜 '먹스타그램'이라고 부르기도 한다.

〈인스타그램에서 '#먹스타그램'으로 검색한 화면〉

이러한 마이크로블로그의 특징을 정리하면 크게 단순성, 밀착성, 현실 관계성 등을 꼽을 수 있다.

마이크로블로그는 쉽고 단순하다

먼저 단순성이다. 대표적 마이크로블로그인 트위터의 경우 "지금 뭐 하고 있니What are you doing?"와 같은 간단한 질문에 최대 140자 이내의 짧은 답을 올리도록 구성되어 있다. 물론 특정 매쉬업 서비스를 통해 더 많은 글자를 넣은 게시물을 올릴 수 있긴 하지만 기본적으로 140자 이내로 구성하게 된다. 그렇다 보니 글을 올리기 위해 뛰어난 작문능력을 필요로 하지 않으며, 방대하고 정제된 정보를 제공하기 위해 노력하지 않아도 된다. 바로 지금 하고 싶은 말들을 중얼거리듯 간단하게 표현함으로써 글을 올리는 사람이나 읽는 사람 모두 빠르고 부담 없이 커뮤니케이션 할 수 있다. 또 하나의 대표적인 마이크로블로그인 페이스북도 마찬가지다. 페이스북은 트위터와 달리 글자수에 제한은 없다. 하지만 긴 글을 작성하기에는 부적합한 구조를 갖고 있다. 블로그처럼 다양한 기능을 제공하는 텍스트 에디터를 제공하지 않기 때문에 장문의 메시지보다는 짧은 글이나 사진을 게재하는 것이 더 적합한 서비스다. 특히 이전 시대인 미니홈피보다 사진으로 커뮤니케이션 할 수 있는 기능이 더욱 강화되어 있다. 미니홈피의 경우에는 사진을 올리더라도 전통적인 형태의 글쓰기 타입을 유지했다. 제목을 적어야 한다든지, 사진을 첨부하는 방식 등에서 별다른 특징이 없었다. 그러나 페이스북을 포함한 마이크로블로그들은 게시물의 단위가 달라졌다. 그냥 사진 한 장, 문구 한 줄, 내가 어디에 누구와 있는지 보여주는 정보 등 게시물을 생성하는 데 많은 노력이 필요 없는 작은 단위의 정보들이 게시물로서 역할을 하게 된다. 따라서 보다 쉽게 게시물을 등록할 수 있는 구조가 만들어진 것이다. 이러한 특징 때문에 기존의 미디어들보다 낮고 느슨한 진입장벽을 갖고 있어 누구나 쉽게 메시지를 생산하고 공유할 수 있다.

마이크로블로그는 사용자들의 일상과 밀착되어 있다

둘째는 밀착성이다. 마이크로블로그 서비스들은 웹에서도 물론 사용이 가능하지만 스마트폰을 비롯한 모바일 미디어에 친화적이다. 이는 과거의 미디어들이 갖고 있던 공간적 제약성에서 탈피했다는 것을 의미하며, 높은 휴대성을 확보했다고 할 수 있다. 또한 미디어 스스로가 사용자에게 필요한 정보를 제공하는 기능들이 더해져 단순한 휴대성을 넘어 밀착성까지 얻었다고 말할 수 있다. 즉, 이전에는 사용자가 자신이 필요할 때 미디어를 찾는 형태였다면, 이제는 미디어가 사용자를 자신에게 끌어당기며 늘 그것이 필요하도록 만들어 놓는 것이다.

이와 같은 밀착성이 생기도록 만든 기술이 푸시Push 기능이다. 마이크로블로그 서비스들은 모바일 미디어를 기반으로 한 푸시 기능이 잘 갖춰져 있다. 푸시란 사용자가 필요로 할 수 있는 어떤 메시지나 상황이 발생할 경우 그에 대한 알람을 알아서 보내주는 기능을 말한다. 브라우저를 사용하는 인터넷 사용 환경에서는 푸시 기능보다는 풀Pull 기능이 주를 이루었다. 예를 들어 사용자가 인터넷에서 어떤 정보를 찾고 싶다면, 브라우저를 띄운 후 자신이 원하는 정보를 소유한 사이트에 들어가 정보를 요청한다. 그리고 필요한 정보를 얻게 되면 브라우저를 닫고 인터넷 접속 환경에서 빠져 나오게 된다. 즉, 인터넷 환경과 사용자는 잠정적으로 연결이 단절된다. 반면 푸시는 사용자가 어떤 선행적 행동을 할 필요가 없다. 굳이 무엇인가를 해야 한다면 푸시를 받을 것인지의 여부 혹은 미디어가 푸시를 할 수 있도록 서버와 얼마나 자주 통신을 할 것인지를 정하는 정도라고 볼 수 있다.

이런 설정을 하게 되면 미디어는 주어진 기능과 로직에 따라 전달된 정보를 바탕으로 사용자에게 정보를 보내준다. 간단한 예로 메일이 도착했거나, 내가 운영하고 있는 마이크로블로그에 새로운 댓글이 등록되는 경우 알람이 오는 것이 대표적이다. 또한 요즘은 GPS 기능을 통해 수집된 위치정보로 푸시를 제공하는

QR24 [위키백과] 위치 기반 서비스

LBS^{QR24}Location-Based Service 등의 새로운 서비스가 제공되기도 한다. 즉, 사용자가 지도나 쇼핑과 관련된 특정 앱을 설치해 두었을 경우 쿠폰을 제공하는 가게 근처를 지나가면 GPS가 해당 앱에 이 사실을 알려준다. 그러면 앱에서는 그 가게와 관련된 쇼핑혜택이나 정보를 사용자에게 전달하게 되는 것이다. 사용자는 비록 그곳에서 쿠폰을 제공하는지는 모른 채 이동하고 있었지만 앱 덕분에 괜찮은 쇼핑 기회를 얻을 수도 있게 된다. 이러한 기술들은 이후 사물인터넷 환경을 만드는 기본적이고도 핵심적인 역할을 하게 된다. 최근의 모바일 미디어들은 높은 휴대성과 푸시와 같은 새로운 기능을 탑재하고 있으며, 이를 활용하는 마이크로블로그 서비스들은 사용자에게 더 친화적이며 밀착된 서비스를 제공하게 된다. 이에 따라 사용자들은 자신의 삶과 마이크로블로그 간의 간격이 매우 좁으며, 일상의 다양한 모습들이 게시될 수 있는 여건을 갖게 되었다.

마이크로블로그는 가상 세계의 이야기를 좋아하지 않는다

[QR25]
아바타

마지막으로 현실 관계성이다. 기존의 인터넷 서비스들은 현실 세계의 사용자가 미디어가 구성하는 가상세계의 범위 안을 벗어나지 않는 경우가 많았다. 다시 말해 사용자들은 인터넷이 제공하는 가상의 세계를 굳이 현실세계와 연결하려 하지 않았다. 오히려 현실세계에서 하지 못하는 것들을 인터넷의 가상세계에서 구현하

QR25 [위키백과] 아바타

고자 했다. 이를테면 실명이 아닌 닉네임을 활용한다든지, 아바타 QR25 Avatar와 같이 실제 세계의 본인을 드러내기보다는 가상세계 안의 또 다른 나를 만드는 방향으로 정체성을 만들어 왔던 것이다. 그러나 인터넷 서비스의 세대가 넘어갈수록 이러한 가상성은 떨어져 갔다. 특히 아바타의 경우 게임을 제외한 일반적인 인터넷 서비스 안에서는 찾기 어려워졌으며, 닉네임도 실명 사용을 권하는 경우들이 점점 늘어가고 있다. 이런 변화의 중심에는 미니홈피 시절부터 가속화된 현실 인맥에 근거한 서비스 특성이 있다. 즉, 과거에는 인터넷을 통해 현실세계의 인맥을 끌어들인다기보다는 인터넷에서 새로운 인맥들을 만들어가는 경우가 많았다. 현실세계에서 어떤 모습인지는 중요하지 않고, 가상적으로 꾸민 모습을 바탕으로 인터넷에서의 인간관계 구축 및 일상생활을 할 수 있었던 것이다.

그러나 현실세계의, 오프라인 인맥이 인터넷 서비스의 중심으로 깊숙이 들어오면서 상황은 달라졌다. 누구인지를 식별할 수 있는 정보를 활용하는 것이 중요해졌다. 가상적 이미지로 누가 누구인지 헷갈리게 만드는 것은 인터넷 상에서의 커뮤니케이션에도 장애요인이 되거나 불필요한 노력이 되어 버렸다. 자칫 잘못하면 유치한 사람으로 여겨질 수도 있다. 따라서 인터넷을 통해 가상의 새로운 인물을 만들어내는 것은 주춤해졌다. 반면에 새로운 형태의 '가상성'이 떠오르고 있다. 인터넷을 통해 일종의 허세를 부리는 사용자들이 늘어나는 것이다. 실물보다 더 예쁜 사진으로 도배된 프로필, 실제보다 더 맛있게 보이는 이미지의 음식사진, 가슴을 쿵쾅거리게 만드는 멋진 여행지의 모습, 마치 자신이 세상을 바꿀 수 있을 만한 능력은 있으나 사정상(?) 재야에 머물러 있는 식자(識者)인 것처럼 사회에 대한 거침 없는 욕설을 내뱉는 사람 등 새로운 형태의 가상적 인물들이 만들어지고 있다. 어찌 보면 아바타보다도 더 아바타스러운 이미지들이 만들어지고 있는 것이다. 그렇지만 이것 역시 인터넷이 현실과의 높은 관계성을 갖고 있기 나타날 수 있는 현상이다.

현실과의 관계성이 높아지기에 마이크로블로그는 보통 사용자의 일상적 모습들이 드러나게 된다. 프라이버시를 노출하는 형태로 게시물이 구성되기 때문에 누군가를 소위 '친구'로 받아줄 것인가를 고민하게 된다. 그리고 그 친구들 가운데에도 어떻게 하면 게시물별로 권한을 관리할 수 있을까 고민한다. 이 과정에서 마이크로블로그들은 이전의 서비스들에서는 단순하기 짝이 없었던 게시물 열람의 권한에 큰 관심을 갖게 된다. 그 결과 친구를 그룹으로 나누고 게시물의 노출권한을 관리하며, 친구가 아닌 사람에게 자신에 대한 정보를 어디까지 노출할 것인가 등의 촘촘한 정보 노출(?) 계획들을 세울 수 있도록 지원한다.

이처럼 마이크로블로그는 현실세계의 관계망을 기반으로 하며, 실제와 가상 사이의 관계망을 가로지르며 전방향으로의 확산을 지원한다. 이러한 특성은 마이크로블로그가 지닌 사회적 영향력의 근간이 되기도 하며, 관계에 있어서 발생하는 역효과의 원인으로 작용하기도 한다. 마이크로블로그 서비스가 갖는 커뮤니케이션 문법에서 가장 주목할만한 부분은 바로 주로 사용되는 도구가 스마트폰을 비롯한 모바일 미디어라는 것이다. 모바일 혁명이라고까지 불리는 스마트 미디어의 등장으로 인해 인터넷 커뮤니케이션은 중대한 변화를 맞이하게 된다.

마이크로블로그는 신속하게 소통할 수 있다

일단 마이크로블로그는 인터넷 커뮤니케이션의 취약점이었던 실시간 커뮤니케이션 능력 부분에서 주목할만한 변화를 보였다. 기존의 인터넷 서비스들은 다른 사용자들과의 만남의 간격이 띄엄띄엄 떨어져 있었다. 푸시가 아닌 풀 서비스 방식의 브라우저를 기반으로 서비스가 구성되기 때문이다. 누군가가 특정 사용자에게 메시지를 전달했을 때 풀 서비스 방식으로는 즉각적으로 메시지 전달 여부를 확인할 수 없다. 그러나 이것이 푸시 서비스로 바뀌게 되면 사용자는 다른 사용자가 자신에게 메시지를 보냈다는 사실을 때론 즉각적으로, 아니면 최소한 일정한 주기로 확인할 수 있게 된다. 따라서 커뮤니케이션의 시간적 간극이 좁혀짐에 따라 과거 이메일을 비롯한 다른 인터넷 서비스들로는 불가능했던 신속하고 즉시적인 커뮤니케이션을 가능하게 했다.

또한 마이크로블로그는 매우 짧은 단문으로 구성된다. 긴 호흡의 문장을 사용할 이유가 없다. 때론 단 한 문장도 쓰지 않아도 된다. 사진이나 위치정보만 갖고도 커뮤니케이션을 할 수 있다. 마치 말을 하듯 편안한 형태로 게시물을 만들어내는 것도 가능하다. 이렇다 보니 때론 문법도 파괴된다. 문어체보다는 구어체가 더 많이 사용된다. 약어나 은어, 속어 등도 비일비재하게 등장한다. 마이크로블로그는 글쓰기에 있어 새로운 세상을 열어버렸다. 이것이 바람직하느냐는 문제는 그 다음이다. 이렇듯 메시지를 생산하는 것이 아주 쉽고 간단하기 때문에 많은 사용자들이 유입되었다. 2015년 4월, 한국리서치는 전국 시급 이상 도시에 거주하는 만 13~69세 남녀 가운데 인터넷 사용 경험이 있는 9,381명을 대상으로 마이크로블로그(해당 리포트에서는 SNS라고 지칭) 사용과 관련된 설문조사를 실시하였다. 이 결과를 정리한 TGI^{Target Group}

Index 트렌드 리포트에 따르면 마이크로블로그 이용률은 2011년 39.8%에서 2014년 70.5%로 상승하였으며, 특히 과거 인터넷 서비스의 사각지대와 같았던 40대 이후 중년의 사용자들도 네이버 밴드나 카카오스토리 등 폐쇄형 마이크로블로그 서비스를 중심으로 커뮤니케이션에 참여하고 있는 것으로 확인되었다.

마이크로블로그는 정보 생산자와 소비자가의 관계가 동등하다

이렇게 참여적 성격이 높다 보니 미디어를 통해 정보를 생산하는 사람과 소비하는 사람 사이의 위계가 거의 평등해졌다. 이전 시대의 미디어들은 메시지를 구성하는 형태와 기술의 난이도, 그리고 메시지를 유통시킬 수 있는 플랫폼의 문제로 인해 정보를 생산하는 사람이 소비하는 사람보다 높은 위계에 있었다. 정보라는 것이 갖는 가치나 무게감이 매우 높았기 때문에 아무나 메시지를 생산하기 어려웠다. 막상 생산을 해낸다고 하더라도 그것을 유통해 줄 만한 플랫폼은 찾기 어려웠다. TV나 신문과 같은 공식적 미디어의 경우에는 기자, PD 등 언론인이 아니라면 메시지를 유통한다는 것은 불가능했고, 블로그와 같은 비공식적 미디어 역시 담을 만한 내용이 없는 사람이라면, 혹은 사용자들의 방문을 유도할 수 없는 형태라면 유통 채널로서 의미가 없었다. 그러나 마이크로블로그의 경우 상황이 달라졌다. 일단 다뤄지는 내용이 누구나 생산할 수 있는 유형의 정보로 바뀌었다. 앞서 언급했던 한국리서치의 TGI 트렌드 리포트의 결과 중 최근 1개월간 마이크로블로그에 남긴 글의 주제가 무엇이냐고 물은 내용을 보면 근황 등 개인사에 관련된 내용이 70.5%로 가장 많았다. 이 밖에도 음악·동영상 소개,

방문한 장소 소개, 기사링크 등 전체 게시물의 90% 이상이 일상 속에서 누구나 간단하게 한두 마디 할 수 있는 내용들로 채워지고 있다. 일상적이라고 해서 가치가 없다는 것은 아니다. 우리는 일상 속에서 필요한 정보들을 찾기 위해 정보의 바다로 뛰어드는 경우가 많기 때문이다. 조작되거나 미화된 정보가 아니라 있는 그대로의, 사람들의 입에서 입으로 이어지는 듯한 정보들을 얻을 수 있게 된 것은 마이크로블로그 시대의 수확이라 하겠다.

마이크로블로그는 청각적 요소가 강해졌다

마이크로블로그가 가진 소통 방법으로서 또 다른 한가지는 청각적 성격이 더욱 강해졌다는 것이다. 특히 음악으로 인한 청각적 성격보다는 동영상 활용으로 인한 청각적 요인이 두드러진다. 마이크로블로그 서비스 중에는 10초 내외의 짧은 동영상을 촬영하여 올릴 수 있도록 지원하는 경우도 많다. 과거에 동영상이라 하면 동영상만의 문법을 지켜 촬영한 후 편집까지 해야 하는 고도의 작업이란 이미지가 강했지만 요즘은 찰나의 순간을 담는 또 하나의 방법 정도로 인식되고 있다. 구도를 지켜 멋지게 촬영되지 않았어도, 자막이나 효과를 넣어 세련되게 편집되지 않았어도 재미 있고 즐거웠던, 혹은 멋지고 아름다웠던 순간들을 짧은 동영상으로 남길 수 있다면 그것으로 그만인 것이다. 더불어 얻을 수 있는 청각적 요인들과 현장감은 덤이다.

마이크로블로그는 구술적 성격이 절대적인 미디어다

이처럼 마이크로블로그는 구술적 성격이 중요한 특징이라고 할 수 있는 구술적, 청각적, 참여적, 모자이크적, 즉시적 그리고 주관적 등 다양한 요인들을 고루 갖추었다. 즉, 인터넷의 등장으로 미디어의 성격에서 구술성이 강해지는 형태로 역전이 일어난 이후 구술적 성격이 거의 대부분인 미디어 서비스가 탄생하게 된 것이다. 미디어의 초기적 성격으로 편향성이 회복되는 일이 벌어졌지만 완벽하게 초기적 성격으로는 돌아가지 않았다. 구술적이되 완벽한 구술적 특성을 보이지 않는 이유는 여전히 문자적 특성으로서 문자성이 중요한 역할을 하고 있기 때문이다. 쉽게 말해 구술적 성격이 담겨 있는 문자적 성격을 가진 게시물이 만들어지고 있는 것이다.

문자가 발명된 이후의 상황을 문자 발명 이전과 비교했을 때 가장 중요하게 나타나는 차이는 기록을 남길 수 있게 되었다는 것이다. 문자가 발명되기 이전에는 말을 통해 내뱉고 나면 그 자리에 없을 경우 내용을 알 수 없었다. 왜냐하면 말은 입을 떠남과 동시에 휘발되어 사라져버리기 때문이다. 문자가 발생하면서 메시지를 문자라는 형태로 기록하여 남길 수 있게 되면서 상황들은 달라졌다. 마이크로블로그 서비스는 구술시대의 커뮤니케이션 방식처럼 구술성이 지배적인 커뮤니케이션이 이루어지지만 말의 시대와 달리 문자를 비롯한 다양한 형태의 기록을 남길 수 있다는 점에서 차이를 보인다. 특히 동영상으로 기록을 남길 수 있다는 것은 시선을 확실하게 끄는 변화다. 사실 말을 문자로 남기는 과정은 아무리 있는 그대로 받아 적는다고 해도 말하는 당시의 상황과 맥락, 그리고 말하는 사람의 의도를 100% 이해하지는 못한다. 쉬운 예로 어떤 강의의 내용을 글로 정리되어 있는 것을 보는 것과 강의를 직접 듣는 것과는 이해의 수준이나 난이도에 차이가 발생하는 것과 같은 상황이다. 그런데 이제는 미디어의 발달로 인해 말하는 그 자체를 있는 그대로를 동영상이라는 형태로 남길 수 있다. 기록으로 남기기 위해 문자로 재정리할 필요도 없다. 그냥 말 그 자체를 날아가지 못하게 붙들 수 있는 것이다.

마이크로블로그는 신뢰성에 치명적 약점이 있다

마이크로블로그는 때론 사용자를 곤경에 빠뜨리기도 한다. 이상한 소문의 근원이 되는 경우도 있기 때문이다. 누군가의 뒷담화, 아무 생각 없이 내뱉은 '카더라'식의 이야기들은 소수가 앉아 있는 자리에서 말했을 때는 그다지 큰 문제가 되지 않는다. 왜냐하면 문제가 될 수 있는 말의 영향력이 그 자리에 앉아있는 사람들의 수준에 머무르기 때문이다. 말은 날아가면 그만이며 더 이상 퍼질 가능성도 희박하다. 말이 밖으로 새나간다고 하더라도 역시 '카더라'식이 될 것이기 때문에 신뢰성도 떨어진다. 하지만 그런 말들을 마이크로블로그에 남겼다면 상황은 달라진다.

짧은 한 문장일지도 모르지만 문자로 인터넷에 각인(?)되는 순간 많은 사람들이 확인할 수 있는 정보가 된다. 마이크로블로그에 기록된 이야기는 빠르게 퍼져나갈 수 있는 준비도 되어 있다. '좋아요' 버튼을 통해, 리트윗을 통해, 공유 기능을 이용한 다양한 방법들로 마른 가지에 불 옮겨 붙듯 번져나간다. 황급히 글을 내린다고 해도 이번에는 그 게시물을 캡처한 이미지들이 돌아다닐 가능성이 잠재되어 있다. 이런 일이 벌어져 실제로 정신적, 육체적 고생을 했던 공인들도 여럿 있다.

이에 따라 외국의 어떤 축구 감독은 마이크로블로그는 인생 낭비라며 선수들이 마이크로블로그를 사용하는 것에 공개적 일침을 놓은 경우도 있었다. 이처럼 과거에는 그냥 흘러 넘어갈 수 있는 문제들도 마이크로블로그의 편향적 특성에 의해 문제가 될 수 있는 가능성이 높아지기도 한다.

사물인터넷IoT은
말하지 않아도 안다

사물인터넷 시대가 도래하다

지금까지 인터넷 서비스들의 역사를 이메일부터 시작하여 블로그·카페, 미니홈피를 거쳐 마이크로블로그까지 살펴보았다. 이 과정에서 각 서비스들만이 갖고 있는 독특한 특성이 있었으며 더 나아가 사용하는 소통의 문법, 즉 편향성 부분에서 중요한 특성들이 있다는 것을 알 수 있었다. 그러나 지금까지 논의된 서비스들은 인터넷이 인간의 생각이나 메시지를 전달하는 도구로서의 역할이 강했다. 예를 들어 A라는 사람이 B 또는 C, D, E, F 등의 다수에게 메시지를 전달하기 위해 인터넷을 끌어들이는 경향이 많았던 것이다. 물론 미디어가 단순히 정보나 메시지가 지나가는 통로 역할만 하게 된다는 미디어에 대한 도구적 관점은 전면적으로 부정하지만 도구적 관점의 범위가 넓게 적용되긴 했다. 커뮤니케이션 활동에서 미디어는 인간과 대등한 위치에 서지 못함은 물론 위계의 차이도 크게 나는 편이었다. 그러나 상황이 좀 달라졌다. 미디어가 인간의 직접적인 통제나 지시 없이 스스로 정보를 생산하고 메시지를 전달하기 시작한 것이다. 바로 사물인터넷 시대가 도래하고 있는 것이다.

사물인터넷이란 용어는 흔히 IoT라고 부르는 것으로 Internet of Things의 약자 표현이다.[QR26] 사물인터넷은 각종 사물이 센서와 통신 기능을 내장하여 인터넷에 연결하는 기술을 말한다. 다소 애매하게 들리는 '사물'이라는 것은 가전제품, 모바일 장비를 포함한 모든 미디어들을 지칭한다. 이런 미디어들에 컴퓨팅 기능이 내장되면서 이전에는 불가능했던 인간과의 소통에 참여하게 되는 것이다. 이러한 미디어를 전문용어로는 임베디드 시스템[QR27]이라고 말하기도 한다.

사물인터넷에 연결되는 미디어들은 자신을 구별할 수 있는 유일한 IP[10]를 갖고 인터넷에 연결된다. 즉 하나의 고유번호, 일종의 주소와 같은 것을 갖게 된다. 이러한 IP를 통해 인터넷에 연결되며, 외부 환경으로부터 데이터를 얻기 위해 센서를 내장하는 경우가 많다. 센서를 갖게 되면 소통하는 대상에 대한 정보를 직접적으로 취득할 수 있으며, 인터넷에 연결되었기 때문에 받을 수 있는 정보들과 센서로 얻은 정보를 재조합하여 필요한 메시지를 만들어낸다. 사물인터넷이란 기술은 사실 최근 갑자기 등장한 것은 아니지만 빅데이터 기술이 발달하고 무선 네트워크 환경이 좋아지면서 주목도가 급격

---

10 IP는 Internet Protocol의 약자로 인터넷 상에서 한 컴퓨터에서 다른 컴퓨터로 데이터를 보내는 데 사용되는 프로토콜을 말한다. 인터넷에 연결된 컴퓨터들은 다른 컴퓨터와 구별될 수 있도록 적어도 한 개 이상의 고유한 주소를 가진다.

QR26 [유튜브] 사물인터넷이란 무엇인가?
QR27 [위키백과] 임베디드 시스템

하게 높아지고 있다. 이전에는 미디어에 대한 신원 확인, 소통이 가능하도록 하는 네트워크 구축, 미디어에 대한 감각(센서) 부여, 미디어에 대한 컨트롤 기술 등의 여건이 제대로 갖춰지지 못해 소수의 서비스들만이 이러한 사물인터넷을 활용했지만 지금은 다르다. 세계적인 IT분야 리서치기업인 가트너Gartner에 따르면 2020년까지 사물인터넷을 사용하는 미디어 객체의 개수는 260억 개를 넘어설 것으로 예상하고 있으며, 시스코시스템즈Cisco Systems는 2013년부터 2022년까지 10년간 14조4천 달러의 경제적 가치를 창출할 것으로 기대하고 있다.

이러한 사물인터넷 시대는 미디어가 인간과 커뮤니케이션에 참여하는 상대가 되면서 인간의 커뮤니케이션 환경에 변화를 일으킨다. 사물인터넷 시대 이전에 미디어는 주로 인간과 인간을 매개하는 매개체 역할을 하거나, 인간이 미디어와 일방적으로 소통하는 형태가 주를 이루었다. 즉, 미디어는 어원 그대로 인간과 정보를 연결하는 역할에 충실했던 것이다. 하지만 사물인터넷 시대에는 미디어가 주도적으로 인간에게 커뮤니케이션을 시도한다. 인간이 무엇인가를 지시하지 않아도 인간에게 필요한 정보를 제공할 수 있다. 말 그대로 '말하지 않아도 알아~'라는 미디어 주도적 커뮤니케이션이 시작되는 것이다. 사물인터넷에 연결되는 미디어의 특징을 조금 더 구체적으로 살펴보자.

지능을 가진 미디어들이 네트워크를 이뤄 새로운 가치를 만들다

사물인터넷에 연결된 미디어는 크게 세 가지 특징을 갖고 있다.

첫째로 미디어 스스로 행동할 수 있는 지능을 가져야 한다. 사물인터넷으로 연결된 미디어는 인간과의 커뮤니케이션에서 보조적 역할이 아니라 주도적 역할을 할 수 있다. 따라서 스스로 정보를 수집하고 판단하며 새로운 정보를 전송할 수 있는 지능을 갖추고 있어야 한다.

둘째로 미디어는 인간 혹은 다른 미디어와 네트워크로 연결되어 있어야 한다. 사물인터넷 시대를 초연결의 시대라고도 부르는 이유가 여기에 있다. 각각의 미디어와 인간들이 네트워크로 연결되어 있어야만 서로에 대한 정보를 얻을 수 있고, 그 정보를 바탕으로 다시금 새로운 정보를 전송할 수 있는 끈을 가질 수 있게 된다. 만약 이러한 네트워크가 매끄럽지 못하거나 끊겨있으면 제대로 된 사물인터넷 사회를 구축할 수 없게 된다. 따라서 사물인터넷 시대는 정보인프라가 매우 중요한데, 이 분야에서 우리나라는 이미 세계적인 수준을 갖추었다고 볼 수 있다. 사물인터넷과 관련된 각종 시도들이 진행되기 적합한 환경이며, 실제로 많은 기업들이 이 시장에 진입하기 위해 준비하고 있다.

마지막으로 사물인터넷으로 연결되어 소통한 결과로 발생하는 정보가 새로운 가치나 서비스를 제공할 수 있어야 한다. 미디어와 미디어, 미디어와 인간이 서로 네트워크로 연결되어 정보를 주고받은 결과가 보다 나은 가치를 제공할 수 없다면 그러한 미디어 환경은 존재의 이유가 없다. 또한 사물인터넷으로 인해 사회가 바뀐다고 볼 수도 없으며, 그냥 인간의 욕심의 부산물로 잠시 등장했다 사라질 무의미한 시도가 될 수도 있다.

따라서 사물인터넷이 이러한 세 가지 특징들을 갖고 있으려면 정보를 수용할 센서, 정보를 소통시킬 수 있는 신경회로 역할의 네트워크, 그리고 데이터를 기억하고 보관하며 판단할 수 있는 뇌의 역할의 빅데이터 처리 능력이 필요하다고 할 수 있다.

이런 사물인터넷이 적용된 몇 가지 재미있는 사례를 찾아보자.

MIT는 일부 학생 및 대학과 공동으로 기숙사 화장실을 인터넷에 연결했다. 어떤 화장실이 언제 비는지 온라인으로 정보를 제공하기 위한 시도였다. 공동화장실을 사용하는 환경에서 화장실 사용 여부는 도움이 되는 정보다. 이러한 필요에 근거해 사물인터넷으로 화장실 상황을 모니터링 할 수 있는 시스템을 만들어낸 것이다.

사물인터넷이 의학에 활용된 사례도 있다. 코벤티스Corventis는 1회용 밴드같이 환자의 심장에 붙이기만 하면 심장 운동을 감시해서 알려주는 심장 감시기를 개발했다. 2010년 FDA와 메디케이드 메디케어 센터는 이 밴드를 공식 승인했다. 이 제품은 환자의 심장이 부정맥이나 심부전을 일으키는지 의사에게 데이터로 경고해주게 된다. 이처럼 사물인터넷은 헬스케어 분야에서 중요한 역할을 할 수 있다. 환자의 상태를 상시 모니터링 하다가 문제가 생기면 바로 의사 혹은 환자 본인에게 신호를 보내줄 수 있다. 신호를 받게 되면 그에 따른 적절한 조치를 신속하게 진행할 수 있기 때문에 특히 만성질환자들에 대한 적극적인 보살핌을 가능하게 할 것이다.

한 가지 예만 더 들어보자. 사물인터넷 기술의 적용에 대해 가장 활발하게 연구하고 있는 분야가 자동차일 것이다. 〈앱 어워드 코리아〉 2015 올해의 앱 시상식에서 비즈니스분야 차량IoT 플랫폼 부분에 대상을 수상한 자동차스캐너 몬스터 게이지는 유류 순간 소모량, 유류 총 소모량, 유류 잔량, 고장 진단 서비스 등 차량에 대한 방대한 서비스를 제공한다. 또한 더욱 간편하고 신속한 서비스를 받을 수 있도록 원격 차량 정비 기능도 개발하여, 자동차 정비소에 방문하지 않고서도 사이버고객센터에 있는 정비사가 자동차 원격 접속을 통해 차량 정비를 진행할 수 있도록 하였다. 자동차 분야에서 사물인터넷은 자율

주행을 비롯한 각종 자동화 기능과 연결되고자 시도하고 있으며 네이버나 구글과 같은 포털과도 적극적으로 협력을 진행하고 있다. 앞으로 자동차는 그동안의 역할과 의미와는 또 다른 수준의 가치를 제공하게 될 것이다. 그리고 그 중심에는 사물인터넷이 중요한 자리를 차지할 것으로 본다.

사물인터넷 시대의 소통은 조용하지만 스마트하다

사물인터넷 시대의 소통 방법은 구술적 성격을 회복하여 말의 커뮤니케이션 시대적 특징을 보이는 것을 넘어선다. 인류 초기의 커뮤니케이션 모습에서 보여졌던 시청각적 커뮤니케이션 특징이 그대로 부활한다. 당시 커뮤니케이션에서 중요했던 눈치코치, 손짓발짓이 현대적으로 재현되는 모습을 보이는 것이다.

사물인터넷 시대는 인간의 모든 감각이 활용된다. 아니 모든 감각을 활용하기를 원한다. 미디어에 부착된 각종 센서들은 인간의 움직임 하나하나를 포착하여 낸다. 수집된 정보들은 분류되고 저장되어 인간의 행동 패턴들을 인지하고 적절한 제안들을 보여준다. 이때 이루어지는 소통의 방법들은 글로 소통하는 방식보다는 말로 소통하는 형태에 가깝다. 인간은 일상적이고 편안한 소통 방법인 말하는 것을 중심으로 행동하게 되고, 미디어는 이러한 인간의 말을 받아들여 미디어 자체가 보여야 할 반응을 보인다. 이러한 커뮤니케이션 과정은 선형적이라기보다는 모자이크적이며, 즉시적으로 일어난다. 커뮤니케이션 대상 간에 이루어지는 정보의 주고 받음 사이에 특별한 이유가 없는 한 지연은 발생하지 않으며, 실시간 소통이 최우선 된다. 미디어와 미디어, 혹은 미디어와 인간의 커뮤니케이션이 인간 대 인간의 커뮤니케이션과 조금 다른 것은 인간은 적절하다고 판단하는 하나의 메시지만을 상대방에게 보내는 경우가 대부분이지만 미디어는 가능한 모든 메시지와 정보들을 서로에게 보낸다. 즉, 자기 스스로 어떠한 취사선택이 이루어지기보다는 관련된 다양한 내용을 상대방에게 보냄으로써 전달된 정보의 활용 여부 및 중요성 판단을 상대방에게 맡긴다. 따라서 정보를 받는 측, 특히 정보의 수신 대상인 인간의 경우 주어진 정보나 메시지에 대한 판단능력이 중요해진다. 모든 정보가 다 의미 있는 것은 아니며, 자신의 상황과 생각에 따라 주어진 정보를 재가공하고 편집하여 활용할 수 있어야 한다. 이전 시대의 커뮤니케이션의 경우 정보를 찾는 것, 저장하는 것이 매우 중요한 이슈로 다루어졌다. 하지만 사물인터넷 시대에는 그러한 것보다는 정보의 의미와 가치, 그리고 활용 부분에 더 많은 관심을 쏟아야만 한다.

구글 나우(Google Now),
스마트폰 기반의 초보적 사물인터넷의 예를 보다

앞서 사물인터넷 상황에서는 모든 미디어가 서로를 식별하기 위한 고유의 IP를 갖는다고 했다. 사물의 경우에야 IP를 갖는 것이 어렵지 않지만 인간은 어떻게 IP를 획득할 수 있을 것인가? 여기서 다시금 모바일 기기의 중요성이 대두된다. 모바일 기기에

QR28 [유튜브] Introducing Google Now

부여된 IP가 곧 사용자인 인간의 IP처럼 여겨질 것이기 때문이다. 2015년 기준으로 가장 널리 보편화된 모바일 미디어는 스마트폰이다. 따라서 초기적 형태의 사물인터넷 서비스들은 스마트폰을 중심으로 이루어지게 된다. 구글은 검색 앱 이외에 구글 나우 Google Now 라는 서비스를 내놓았다.^{QR28} 구글 나우의 경우 사용자에 대해 확보하고 있는 기존의 정보들과 위치정보, 선호하는 정보의 유형들을 파악하여 사용자에게 유용할 것이라고 판단하는 정보들을 실시간으로 제공한다. 현재 기본적으로 제공되는 내용은 검색(음성기반 포함), 현재 위치, 날씨, 추천 활동(영화), 뉴스기사 등을 제공한다. 각각의 정보들은 모두 사용자 중심의 개인화된 것이며, 이 정보가 필요한지 지속적으로 물으며 최적화 된 정보의 제공을 위해 노력한다.

구글 나우 서비스가 강력한 것은 GPS 기반의 위치정보를 적절하게 활용한다는 점인데, 기존의 서비스들은 단지 사용자가 어디 있는지에 해당 하는 정보만 중요하게 생각했다면 구글 나우는 사용자의 일정한 이동 패턴을 파악하기 위해 노력한다는 점에서 더욱 지능화되었다. 예를 들어 주기적으로 동일한 시간에 일정 거리를 왕복할 경우 한쪽은 사용자의 집, 다른 한쪽은 사용자의 회사 혹은 학교라고 판단한다. 따라서 유사한 시간대에 스마트폰의 이동이 포착되면 출근 혹은 퇴근이라고 판단하여 출퇴근 관련 교통정보를 추가로 제공한다. 놀라운 것은 매일 가는 곳이 아니라 일정한 주기로 특정 요일에 특정 지역을 반복하여 방문하는 형태의 적은 빈도의 패턴도 잡아낸다는 점이다. 만약 구글 나우가 판단한 그날, 그 시간이 되면 해당 지역으로 이동할 것인지, 그곳으로 이동하는 데 필요한 교통정보를 받을 것인지 사용자에게 질문한다. 이는 단순히 캘린더에 적힌 내용에 대한 알람을 제공하는 것과는 차원이 다른 것으로 사물인터넷이 인간의 삶을 어떻게 변화시킬 수 있을 것인지 맛볼 수 있는 기회가 된다.

[QR29]
애플 위치정보 수집 스캔들

몇 년 전 애플이 아이폰 사용자들의 동선을 동의 없이 파악한 것 때문에 꽤 시끄러운 일이 벌어졌었는데[QR29], 그때 애플이 왜, 그 일을 통해서 무엇을 알고 싶어 했는지 구글 나우 서비스가 대변하고 있는 듯하다.

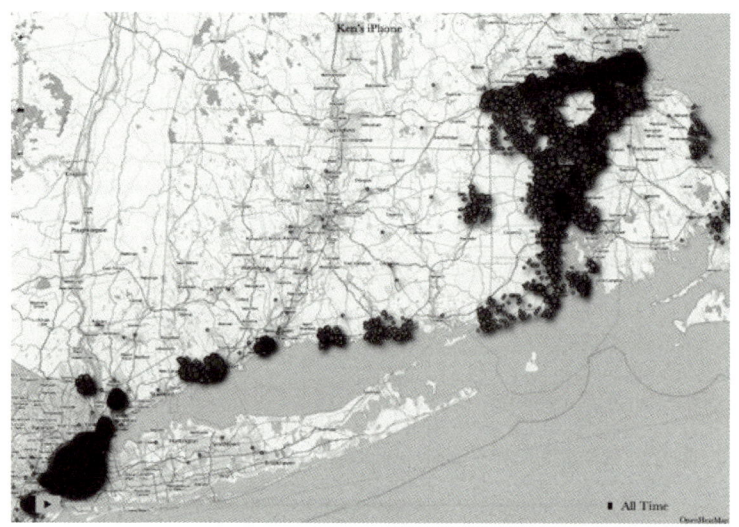

〈아이폰에 의해 추적된 사용자의 위치를 점으로 표시한 지도〉
출처: http://www.computerworld.com/article/2507984/smartphones

QR29 [기사] 애플, 위치정보 수집 공식 부인… 청문회 출석 예정

인터넷이 만드는
커뮤니케이션의 데칼코마니

데칼코마니가 뭐지?

지금까지 이야기를 풀어왔던 것처럼 커뮤니케이션 역사를 살펴보면, 인터넷이 등장하기 이전의 미디어들과 인터넷이 등장한 이후 인터넷 서비스들의 사이에 편향성 측면에서 한 편의 데칼코마니가 펼쳐진다. 데칼코마니란 원래 유리판과 같이 물감을 쉽게 흡수하지 않는 소재에 그림물감을 칠한 후 그 위에 다른 종이를 덮어놓고 위에서 누르거나 문지른 후 떼어내어 독특한 무늬가 생기도록 하는 기법을 말한다. 어원을 살펴보면 '복사하다'라는 뜻의 프랑스어 décalquer와 '편집'이라는 뜻의 manie가 합성된 것으로 무의식과 우연의 효과를 존중하는 비합리적인 표현 방식으로 초현실주의 작가들에 의해 즐겨 쓰이고 있는 것이다.

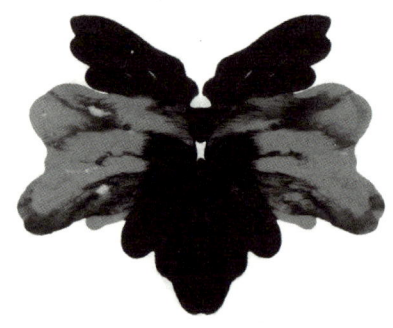

〈데칼코마니〉

  흔하게 만들어지는 데칼코마니 작품들은 앞선 그림처럼 종이를 반으로 접어 한 쪽에만 물감을 묻힌 후 물감을 묻히지 않는 쪽 종이를 덮어 무늬를 만들어내는 형태다. 이렇게 되면 반으로 접은 선을 축으로 하여 양쪽에 완벽하게 대칭된 이미지들이 만들어지게 된다. 앞서 미디어의 발전 역사와 인터넷 서비스들의 발전 흐름들을 지켜볼 때 미디어의 발전에 따른 커뮤니케이션 형태의 변화도 데칼코마니와 같이 대칭적 형태를 보여준다. 인터넷이라는 중대한 미디어 기술의 등장으로 인해 구술적 성격과 문자적 성격이 서로 역전되는 모습을 보이는 것이다. 그런데 이러한 커뮤니케이션 변화의 대칭적 그림은 단순한 데칼코마니 형태로 설명되지 않는다. 그 안에 더 많은 대칭의 축들이 숨어 있으며, 대칭의 형태지만 대칭인 것 같지 않은 모습들도 나타나기 때문이다.

  무언가 이해하기 어려운 개념처럼 들리지만, 한 장의 그림을 보면 조금 더 쉽게 이해할 수 있게 될 것이다. 데칼코마니이지만 데칼코마니가 아닌 것 같은, 바로 벨기에 출신 초현실주의 화가 르네 마그리트의 작품 '데칼코마니'이다. 내용에 대한 이해를 위해 다음 QR코드의 경우 반드시 촬영하여 해당 그림을 확인하기를 바란다.

이 작품을 살펴보면 중절모를 쓴 남성의 이미지가 그림의 가운데 축을 따라 좌우 대칭으로 그려져 있다. 그러나 우리가 익히 알고 있는 데칼코마니 기법을 통해 만든 이미지와는 다르게 대칭의 모습이 남성 이미지의 외각선만을 따왔을 뿐 그 안의 내용은 다르다. 반쯤 쳐진 커튼, 그 안에 잘라낸 듯 날아간 남성의 모습 안으로 배경에 지나가는 하늘이 비춰진다. 이 그림이 재미있는 점은 분명 서로 다른 이미지를 그리고 있음에도 불구하고 데칼코마니라는 제목을 붙였을 때 어색함이 없다는 것이다. 그림 한가운데를 반으로 나누어 보았을 때도 그렇고, 반을 다시 반으로 나누어 사등분을 해보아도 이상하지 않다. 서로 같아 보이지만 무언가 다른, 그림을 보며 사람들은 여러 가지 생각들을 할 수 있게 된다. 이 그림을 통해 문자, 인터넷, 모바일 혁명 등 미디어 역사 속에서 편향성에 영향을 미친 중요한 사건들을 설명할 수 있다.

QR30 [NAVER 지식백과] 데칼코마니: 르네 마그리트

데칼코마니에 커뮤니케이션 역사를 대입하다

먼저 데칼코마니라는 그림 기법에서 가장 중요한 역할을 하는 중심축은 인터넷으로 정의할 수 있다. 인터넷의 등장 이전에 전자 미디어들도 문자성을 적지 않게 탈피했지만 전환의 결정적 계기를 마련한 것은 인터넷이기 때문이다. 이 그림은 남성의 뒷모습을 양쪽에 동일하게 보여줌으로써 이 남성의 가운데를 축으로 삼아 다시금 좌우 분할을 할 수가 있다. 이때 왼쪽 면에서 좌우로 남성의 뒷모습을 나누는 축은 인쇄기술의 등장이라고 할 수 있으며, 축의 왼쪽은 구술성, 오른쪽은 문자성이라고 할 수 있다. 마찬가지로 오른쪽 면에서도 동일하게 남성 외각선의 정중앙을 축으로 하여 다시금 좌우로 나눌 수 있다. 이때는 왼쪽 면과 다르게 왼쪽이 문자성, 오른쪽이 구술성이라고 할 수 있다. 이때 중앙 축은 모바일 기술의 등장, 혹은 모바일 혁명으로 볼 수 있을 것이다. 또한 전체적으로 인터넷의 등장 이후의 구술성과 문자성은 전자 미디어에 기반한 형태라고 정의할 수 있다.

이처럼 인터넷의 등장 및 미디어의 역사를 통해 보는 편향성의 흐름은 같아 보이면서도 또 다른 모습, 즉 데칼코마니 아닌 데칼코마니 같은 형태이다. 이런 면에서 르네 마그리트의 그림은 일련의 흐름에 대한 상당히 많은 부분 설명할 수 있는 것이다. 간단하게 정리하면 다음 그림과 같다.

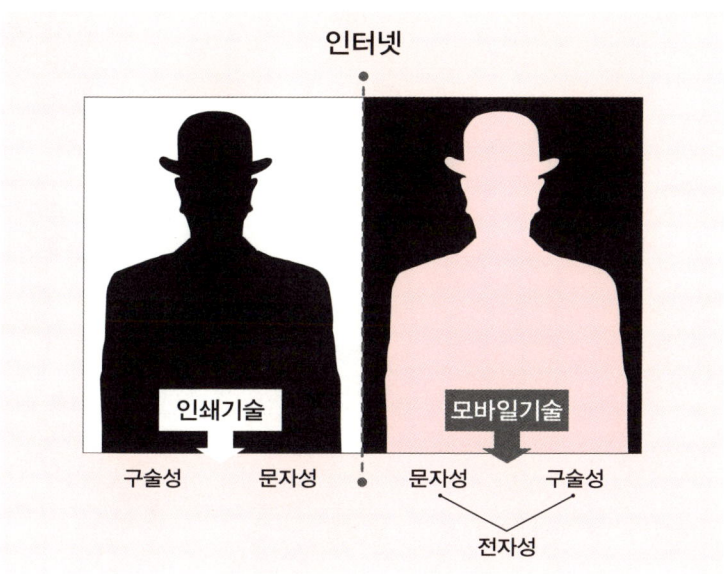

〈커뮤니케이션의 데칼코마니〉

그렇다면 이러한 상황은 사용자에게, 더 나아가 인간에게 어떤 영향을 끼치고 있을까? 인터넷을 기준으로 뒤집힌 역사의 흐름이 우리에게 어떤 변화를 요구하고 있는지 생각해봐야 할 것이다. 새롭게 펼쳐진 정원으로서가 아니라 거센 바람과 함께 찾아오는 '위기'로서 말이다.

6장

인터넷 때문에 생긴
커뮤니케이션의 위기

모두가 함께 참여하는
미디어 세상을 열다

인터넷은 새로운 커뮤니케이션 모델을 요구한다

 미디어의 편향적 특성이 문자적 성격에서 구술적 성격으로 역전됨에 따라 판도는 변하게 되었다. 과거에는 특정 미디어들이 제공하는 안정된 정보의 천막 속에서 살아가고 있었다면, 이제는 그 우산을 들고 밖으로 뛰어나오게 된 것이다. 마음대로 돌아다니며 이 사람, 저 사람 만나볼 수 있는 자유를 얻기도 했지만 비를 피하는 것은 역시 자기 자신의 몫이 되어 버렸다. 때론 빗속을 걷다가 실수를 해서 물웅덩이에 신발이 젖을 수도 있고, 세차게 부는 바람에 우산이 뒤집혀 옷이 온통 젖어버릴 수도 있다. 날씨 예보를 잘 지켜봐야만 하고 때로는 밖으로 나가지 말아야 할 수도 있다. 미디어를 통한 정보 생산 및 소비, 메시지 전송의 기회가 늘어났고, 그만큼 수용해야 하는 커뮤니케이션의 부하도 증가하게 되었다. 이러한 상황 변화는 자연스럽게 커뮤니케이션 모델에도 영향을 미친다.

 고전적으로 커뮤니케이션 모델이라고 하면 인과관계가 있는 선형적 구조를 많이 이야기했다. 헤럴드 라스웰 Harold Lasswell[11]이 제시한

---

11 라스웰은 예일대학교 교수·미국정치학회 회장 등을 역임한 정치학자로, 1951년 발표한 「정책지향(Policy Orientation)」이라는 논문을 통해 정책학(policy sciences)의 개념과 방법론을 개척한 것으로 유명하다.

SMCRE 모델이 대표적이다. 이 모델은 커뮤니케이션을 5단계로 나누어 누가 → 무엇을 → 어떤 채널을 통해서 → 누구에게 → 어떤 효과를 가지고 전달하는가로 설명하였다. 여기서 SMCRE는 각각의 단계를 설명하는 용어의 약자로, S는 Sender 혹은 Source(발신자 혹은 정보원), M: Message(메시지), C: Channel(채널, 통로), R: Receiver(수신자), E: Effect(효과)를 의미한다. 즉, 송신자가 메시지를 채널, 즉 미디어에 따라 부호화하여 수신자에게 보내면, 수용자는 이 메시지를 다시 해독하여 받아들이게 되고, 이어 최종적인 효과가 일어난다는 것이 전체적인 골자다. 각각의 단계마다 여러 가지 부정적 요인들로 인해 잡음Noise이 발생할 수 있으며, 잡음은 예상된 커뮤니케이션에 해를 끼친다고 주장했다. 따라서 잡음은 최소화되어야 하는 요인이며, 이러한 잡음을 줄이기 위한 많은 노력들이 시도되었었다. 이러한 SMCRE 모델은 커뮤니케이션 과정에 대한 근본적인 문제를 제기하며 단순히 송신자와 수신자 사이의 메시지 이동으로 커뮤니케이션을 설명한 것이 아니라 메시지와 미디어의 종류까지 고려했다는 점에서 큰 장점이 있었다.

그런데 SMCRE이론은 현대 미디어 환경에 적용하기에 부족하다. 장점이라고 할 수 있었던 명확한 선형적 구조가 곧 단점이 되어버린 것이다. 앞서 논의해왔던 것처럼 현대 미디어 환경은 송신자만 송신을 할 수 있는 구조도 아니며, 미디어가 다변화되어 있기 때문에 메시지를 부호화하는 방법도 너무나 다양하다. 따라서 이를 받아들이는 수신자도 메시지를 받아들이는 태도가 달라졌으며, 그에 따른 Effect는 당연히 새로운 모습이 될 수밖에 없다. 따라서 기존의 SMCRE 모델은 선형적 구조를 벗어나 순환적이고 강력한 상호 인터렉션Mutual Interaction을 가진 형태로 재구성되어야 하는 것이다.

이러한 커뮤니케이션 모델의 변화는 각 단계에 따른 구분이나 인과적인 영향의 고리에 변화를 가져온다. 특히 메시지와 채널 혹은 미디어의 영역에서는 '메시지 따로', '미디어 따로'의 형태가 아니라 둘이 하나로 뭉쳐져 메시지를 만들어 낸다. 동일한 내용이라 할지라도 어떤 미디어와 결합하느냐에 따라 메시지가 달라질 수 있게 되는 것이다. 이에 따라 커뮤니케이션의 각 단계별 특성은 다시 정리될 수 있다.

S, M, C, R, E의 모든 영역에 변화가 일어난다

먼저 송신자다. 송신자의 경우 앞서 논의했던 것처럼 메시지의 생산이 쉬워지기 때문에 생산자의 수가 기하급수적으로 늘어난다. 이는 기존의 수신자들이 생산자 역할도 할 수 있게 됨을 의미한다. 이러한 변화에는 메시지의 구술적 성격을 강화시켜주는 메시지 플랫폼 기술의 발전도 중요한 역할을 한다. 글로 써야 한다는 부담감을 넘어 누구나 말하듯 메시지를 만들 수 있도록 변했다는 것, 여기에 기술적 지원까지 추가되며 다양한 송신자들에 의해 메시지가 생산되게 된다.

둘째로 메시다. 메시지의 경우 늘어난 송신자 수 때문에 자연스럽게 메시지의 양도 증가하게 된다. 우리가 흔히 인터넷 환경인 웹을 '정보의 바다'라고 표현하며 지식의 양이 크게 증가했음을 표현하곤 하는데, 이는 메시지의 영역과 직접적인 연관성을 갖고 있다. 누군가의 책상 서랍 혹은 책꽂이에 곱게 놓인 노트에나 있었

QR31 [NAVER 지식백과] 원소스 멀티유스

을 법한 내용들도 정보에 바다에 빠지는 순간 하나의 메시지가 된다. 또한 다양한 미디어들이 등장하고, 기존의 미디어들도 컨버전스 현상을 바탕으로 새롭게 태어나기 때문에 담아낼 수 있는 메시지의 형태 역시 다양해진다. 글, 그림, 동영상, 기타 새로운 형태의 가공된 정보들이 인터넷을 통해 유통된다. 어떤 정보나 메시지들은 미디어의 특화된 성격에 따라 맞춤형으로 메시지를 담아내기도 하며, OSMU[One Source Multi Use][QR31]와 같이 메시지는 하나이지만 그것을 유통시키는 메시지 형태는 다양하게 제시될 수도 있다. 이처럼 하나의 정보원을 다양한 형태로 가공할 수 있는 환경의 변화는 단순히 정보의 양만을 증가시킨 것이 아니라 사람에 따라 자신에게 익숙하고 자신 있는 미디어 형태를 선택하여 정보를 흡수 및 재생산할 수 있는 기회를 제공한다. 이는 인간의 커뮤니케이션 능력의 변화에 직결된다. 예를 들어 글솜씨가 부족하여 문자로 자신의 생각을 펼치기 어려운 사람이 있었다고 하자. 그는 비록 문장력은 부족했지만 동영상 카메라를 다루는 뛰어난 능력이 있었다면 글이 아닌 영상으로 메시지를 표현할 수 있는 것이다. 글로 정보를 유통하나 동영상으로 정보를 유통하나, 그 유통의 방법의 난이도는 대동소이하다. 특별히 더 많은 비용이 들지도 않는다. 이렇게 환경이 변하지 않았다면 그는 문자 중심의 커뮤니케이션 환경 아래서는 전면에 나오지 못하고 배제되거나 아예 외면당하는 사람일 수도 있었다.

셋째로 채널이다. 채널, 즉 미디어의 경우에는 인터넷으로 인해 가장 드라마틱한 변화가 있는 곳이다. 대부분의 미디어에 컴퓨팅 기술이 적용되어 멀티미디어를 구현할 수 있는 능력을 갖추게 되었고, 특히 시각적 효과를 낼 수 있는 미디어가 강세를 나타내게 된다. 이미 몇 차례 언급했던 컨버전스 미디어들이 등장함은 물론이다. 이제 미디어들은 어떤 기능을 갖고 있느냐에 초점이 맞춰져 있는 것이 아니라 어떤 기능이 특화되었는가, 혹은 어떤 기능을 수행하는 데 최적화되어 있는가에 관심의 초점을 맞춰야 한다. 이러한 변화에 따라 미디어는 더 복잡다단해졌으며 미디어를 활용할 수 있는 능력, 즉 미디어 리터러시에 대한 중요성이 더 높아지게 되었다.

넷째로 수신자다. 수신자가 생산자로서의 역할까지 감당하는 경우가 증가함에 따라 기존 주류 미디어가 전달하는 메시지에 대한 견제 기능이 강화되었다. 사실 TV나 신문과 같은 주요 미디어들을 통해 유통되는 정보나 메시지들의 제작에 일반인들이 참여하기란 매우 어려웠다. 직접 생산에 참여하지 않더라도 견제는 할 수 있어야 하는데 그것조차 쉽지 않은 상황이었다. 기껏해야 신문지면의 한켠에 자신의 의견을 피력해 볼 수 있는 옴부즈맨Ombudsman[QR32] 코너가 전부였다. 그 옴부즈맨 코너에 실리는 글을 선택하는 것 역시 주류 미디어의 책임이었기 때문에 순수한 자정작용이라고 100% 신뢰하기는 쉽지 않다. 그러나 이제는 상황이 달라졌다. 인터넷을 활용하여 주요 미디어에서 생산하는 정보에 대한 참여나 평가의 기회가 대폭 증가했다. 자신만의 전문성을 활용하여 기존 메시지의 오류를 지적하고 수정을 요구할 수도 있다. 이에 대한 쉬운 예가 블로그나 특정 주제의 이야기들을 다루는 커뮤니티 서비스를 활용하는 것이다. 만약에 방송에서 말하는 맛집에 대한 정보를 듣고 직접 찾아가봤는데 실제로 맛이 별로였다면 자신이 그곳을 갔다 왔다는 증거와 함께 자신만의 평가를 해놓

QR32 [NAVER 지식백과] 옴부즈맨 제도

을 수 있다. 방송에서는 엄청 맛있다고 했는데, 내가 가보니 사실 그 정도는 아니더라, 혹은 양이 생각만큼 많이 나오지는 않더라 등의 기본적인 평가를 올리는 것이다. 그러면 사용자들은 이러한 커뮤니티에 올라온 정보를 바탕으로 그곳을 진짜 가볼 것인지 판단하는 데 도움을 받을 수 있게 된다. 즉, 방송에서 아무리 좋다, 맛있다고 떠든다고 해도 소위 '네티즌 평가'에 좋은 점수를 받지 못한다면 허사가 되어버릴 수도 있다. 더 홍보가 되긴커녕 불필요한 오해까지 받을 수 있게 된다. 평가의 수준을 넘어 자신이 직접 정보를 유통시키는 주체적인 미디어로 역할을 할 수도 있는 것이다. 1인 전문블로거들을 통해서도 사회적인 영향력을 행사할 수 있다. 이러한 과정을 통해 미디어가 전달하는 메시지들은 안팎의 견제와 조율의 과정을 거치며 정제되어 간다.

　마지막으로 효과다. 선형적 SMCRE 모델에서는 효과가 메시지가 전달되는 마지막 순간에 나타난다. 모든 절차를 거치면서 메시지가 하나의 영향력으로 발전하는 것이다. 하지만 커뮤니케이션 모델이 순환적이고 동시적이며 상호 인터렉션 작용이 늘어남에 따라 효과 역시 어느 순간에 발생한다고 이야기하기 어려워졌다. 즉, 어디가 영향력이 종료되는 순간인지 정의할 수 없게 된 것이다. 효과라는 것은 전체적인 맥락에 따라 소통 과정 전반에서 발생하게 되며, 어떤 단계에서 발생한 효과가 다음 단계에 다시금 영향을 미칠 수도 있는 복합적 구조를 갖게 된다. 커뮤니케이션 과정이 끊임없이 순환하면서 필요한 상황과 영역에 따라 영향력이 지속적으로 확산되는 것이다.

커뮤니케이션 환경에 민주주의 정신이 세워지다

이러한 커뮤니케이션 모델의 변화는 흡사 봉건제 사회를 벗어나 근대 사회로 이동하며 민주주의가 발달하는 사회제도의 변화와 유사하다. 왕이나 영주가 지배 권력을 갖고 있던 사회에서 일반인들은 권력을 가진 소수에 의해 지배를 당하며, 그들이 제공하는 테두리 안에서만 살아갈 수 있었다. 그러나 도시의 발전과 농민 반란 등 여러 사건들을 거치며 봉건제는 해체되고 근대사회로 전환되기에 이른다. 근대사회의 정치적 기본이라고 할 수 있는 민주주의는 국민이 주인이 되어 국민에 의해, 국민을 위해 행해지는 정치로 인간의 존엄성과 자유 및 평등을 강조하게 된다. 특히 민주주의에서 국민들은 지도자를 직접 뽑을 수 있는 투표권을 가지게 되는데, 이를 통해 국민으로서 갖고 있는 의무와 권리를 동시에 행사하게 된다. 따라서 지도자들은 국민들의 의견이나 상황들을 주의 깊게 지켜봐야 하며 그들의 요구에 대해 적절한 대응을 해야만 한다. 그들이 그 자리에 설 수 있도록 만드는 힘이 국민에게서부터 나오기 때문이다. 상황이 이렇다 보니 국민들의 마음을 끌 수 있는 선심성 공약들이 쏟아지기도 한다. 실현이 어렵지만 할 수 있다면서 표를 끌었다가, 당선이 되고 나면 제대로 확인해보니 어렵겠더라는 식의 부도수표(?)를 날리는 지도자들도 심심치 않게 볼 수 있다.

인터넷의 등장으로 인해 커뮤니케이션 환경에도 사회의 민주화와 비슷한 현상들이 벌어진다. 원래 대중적 커뮤니케이션은 잘 훈련된, 혹은 문자화되고 정제된 메시지를 작성할 수 있는 사람들만이 할 수 있는 것이었으나 구술성이 커지면서 메시지를 작성할 수 있는 사람들의 범위가 확장되었다. 미디어를 통한 권력이 일반 사용자들에게도 일정 부분 이양되는 것이다. 사용자들은 직접 메시지를 생산하는 데 참여하기도 하며, 특정한 메시지에 대한 추천을 통해 물질적이거나 비물질적인 지지를 표현할 수도 있다. 실례로 개인이 인터넷을 통해 직접 작업한 결과물들로 과거 대형 기업이 개입하지 않으면 할 수 없는 일들을 성공시키기도 한다.

인터넷 동영상 서비스인 유튜브를 보다 보면 여러 개인 음악가들이 자신의 노래들을 올리고 홍보하고 있다. 그중 재외교포 2세 쌍둥이 자매로 구성된 Jayesslee라는 팀은 유튜브에 200만 명이 넘는 구독 팬을 확보하고 있는데 정규앨범이나 소속사도 없다. 그러나 월드투어콘서트를 포함한 다양한 활동을 하는 중이다. 얼마 전 K-Pop 열풍을 전 세계적으로 일으켰던 가수 싸이의 경우에도 유튜브를 통해 세계인의 이목을 집중시키며 스타덤에 오른 케이스였다. 조금씩 인식이 달라지긴 했지만 세계 문화의 변방처럼 여겨지는 대한민국의 대중가수가 이처럼 전 세계적인 인기를 얻을 수 있도록 만든 것은 메이저 기획사의 힘이 아니라 인터넷의 영향력이었다. 이제는 일반 개인들도 모이면 대기업이나 특별한 단체 못지 않은 강력한 힘을 낼 수 있다. 따라서 기존 미디어들도 사용자들을 더욱 존중해야 하며, 그들의 입맛에 맞거나 시선을 끌 수 있는 내용들로 메시지를 작성해야만 한다.

〈유튜브의 Jayesslee 페이지〉

핑크빛 미래만 보이는 것은 아니다

인터넷을 통해 유통되는 정보들은 사용자들을 만족시키겠다는 전략 아래 과거에 비해 그 양이나 제공되는 속도가 비약적으로 늘어났고, 어떤 부분에서는 정확성에 대한 보완이 이루어지기도 했다. 그러나 이로 인해 미디어를 통해 제공되는 정보들이 지나치게 가벼워지고, 가십성 내용들이 많아지며, 자극적이고 선정적인 형태로 변하기도 했다. 특히 각 인터넷 포털들에 올라오는 뉴스의 경우 이미 수년째 문제점이 지적되고 있는데, 소위 '낚시성' 제목들이 도배를 이루며 사용자들 시선 끌기에만 여념이 없는 사례가 비일비재 한 것이다. 제목과 내용이 잘 맞지 않거나, 추측을 사실처럼 보이게 처리하는 등 유형도 이루 말할 수 없이 많다. 또한 그렇게 제목에 이끌려 언론사 홈페이지에 들어가면 좌우, 위아래를 뒤덮고 있는 각종 선정적 광고들 때문에 시선을 두기 어려운 상황이 발생하고 있다. 따라서 이러한 잘못된 커뮤니케이션 상황들을 바로 잡기 위한 구조적 변화가 필요해 보인다.

권위는 무너지고,
신뢰성은 증발되다

인터넷에 떠도는 이야기, 믿을 수 있어?

 민주주의가 우리 사회에 정착되는 데 적지 않은 진통과 어려움을 겪고 있듯이 미디어 환경에서도 동일한 상황들이 벌어지고 있다. 더 많은 사람들이 메시지를 만드는 데 참여하여 이전보다 풍성한 정보 속에서 살아가고 있지만 그로 인한 부작용도 만만치 않다. 앞서 인터넷 뉴스 미디어들이 사용자들의 시선을 끌기 위해 과도한 전략들을 사용하고 있다는 것을 지적했지만 문제는 그 정도 수준에 그치지 않는다. 미디어가 갖고 있던 권위가 붕괴되면서 신뢰성을 상실하게 되었기 때문이다.
 제한된 소수의 사람들만이 미디어를 통해 정보를 만들어낼 수 있던 시절에는 미디어에 권위가 있었다. 지식적이나 사회적으로 일정 수준 이상의 능력을 가진 사람만이 정보를 생산하는 역할을 할 수 있었고, 그 외의 사람들은 사실 정보를 얻어내기가 어려웠다. 정확히 말하자면 설령 어떻게 특정 정보를 알게 되었다고 하더라도 그것을 유통할 수 있는 방법이 없었다. 하지만 지금은 그렇지 않다. 다양한 방법을 통해 자신이 얻은 정보를 대중에게 유통시킬 수 있게 되었다. 이러한 변화는 미디어를 통해 제공되는 정보의 신뢰성에 타격을 입혔다.

이제는 몇 년 지난 이야기가 되었지만 인천국제공항의 매각문제가 사회적 주목을 받던 때가 있었다. 인천국제공항은 우리나라를 대표하는 공항으로 국민들이 자부심도 갖고 있었고, 경제적 효과도 크다고 생각하는 사람이 많았는데 이것을 해외 자본에 매각한다는 이야기가 나온 것이다. 당연히 이 문제는 사회적 주목을 받는 예민한 사안이었다. 그러던 어느 날 한 연예인이 자신의 트위터에 '인천국제공항이 결국 매각되었다.'라는 내용의 글을 남기면서 적지 않은 파장이 일어났다. 그 연예인의 팔로워Follower들을 중심으로 인천국제공항이 매각되었다는 이야기가 급속도로 퍼지기 시작한 것이다. 이에 대한 분노와 격한 감정들이 인터넷 공간에 쏟아져 나왔다. 하지만 이젠 모든 사람이 다 알고 있는 것처럼 인천국제공항은 매각되지 않았다. 해당 트윗을 남긴 연예인이 잘못된 이야기를 트위터에 올린 것이고, 그 트윗을 본 사람들은 정말로 그런 일이 벌어진 줄 알고 혼란스러운 모습을 보인 것이다.

만약 트위터와 같은 인터넷 미디어가 없었다면 이런 일이 벌어졌을까? 아마 그 연예인도 자신의 지인들과 술 한잔하면서 이야기하고 말았을 헛소문으로 조용히 끝났을 것이다. 이러한 상황은 한 연예인의 과실로만 여길 수 없다. 인터넷을 사용하는 누구나 이러한 동일한 오류를 범할 수 있다. 특히 인터넷에서 영향력이 큰 커뮤니티에 소속되어 있거나 자신의 미디어 채널을 운영하는 사람은 이러한 위험에 더 크게 노출되어 있다. 이러한 신뢰성 상실의 유형을 정리하면 크게 세 가지 정도를 꼽을 수 있다.

주류 미디어의 권위가 흔들리다

첫 번째 유형은 TV나 신문과 같은 기존 미디어들을 통해 제공되는 정보에 대한 불신이다. 과거에는 TV에서 나온 이야기는 곧 진실이자 진리였다. "TV에서 그랬대~!" 혹은 "뉴스에 그렇게 나왔어."라고 말하면 반박을 하기 어려웠다. 가장 공신력 있는 미디어에서 이야기 한 내용이기에 그 자체로 의미를 갖게 되는 것이었다. 그러나 요즘은 아무리 TV와 신문, 라디오와 같은 미디어를 통해 정보가 전달되었다고 할지라도 그 말을 있는 그대로 믿지 못하는 사람들도 많다. 미디어에 대한 불신이 팽배한 것이다. 물론 이렇게 사람들이 미디어를 믿지 못할 이유에는 실제로 공공 미디어가 진실을 전달하지 못한 경우가 있었던 적이 있기 때문이지만, 사람들이 그것을 자신의 경험에 비추어 증명할 수도 있고, 증명된 내용을 유통할 수도 있기 때문이기도 하다.

TV에서 뭐라고 했든지 내가 경험해봤을 때 그렇지 않았다면 그렇지 않은 것이다. 내가 볼 때 사실 이렇다는 의견을 인터넷을 통해 개진할 수도 있다. 공공 미디어에 등장하는 사람만이 전문가가 아니다. 나를 비롯하여 수많은 전문가들이 이 세상에는 존재한다. 그들의 생각과 견해가 인터넷이라는 매체를 통해 여기저기로 퍼져나가는 것이다. 이렇게 재야의 고수들을 통한 검증은 상당 부분 적중하기도 한다. 기존 미디어들을 통해 전달된 이야기들이 왜곡되었다든지, 잘못된 경우들을 찾아내곤 하는 것이다. 이렇다 보니 기존 미디어들이 갖고 있던 신뢰성에 상당 부분 손상이 발생했다. 진실을 이야기해도 진실로 받아들이지 못하는 때도 비일비재하며, 더 나아가 음모론으로 변질되는 경우까지 벌어지고 있다. 물론 이러한 변화는 미디어가 사용자들에 의해 스스로 정화되고 있는 과정이라고도 볼 수 있다. 과거 절대 권력을 휘두르며 강력한 권위를 행사했다면 이제는 조금 더 겸손하고 신중하게 정보를 생산해내야 한다는 것을 요구받고 있는 것이다.

'누구나'는 곧 '아무나'와 같다

두 번째 유형은 다양한 인터넷 미디어를 통해 정보 생산이 많아지면서 발생하는 신뢰성 손상이다. 기존 미디어들은 종종 신뢰성에 금이 가곤 했지만 분명 각 영역의 전문가들에 의해 만들어진 정보를 다룬다. 따라서 아무리 최근 신뢰성에 타격을 입었다고 할지라도 여전히 가장 신뢰성 있는 미디어는 TV나 신문 등 기존 미디어들이다. 그런데 인터넷 서비스에 기반한 각종 정보들, 예를 들어 카페나 블로그, 마이크로블로그 등을 통해 확산되는 정보들은 신뢰성을 보장하기 어렵다. 그러한 서비스를 통해 정보를 생산하는 사람들은 스스로를 정보원으로 표방하지만 기존의 미디어들에서 활동하는 사람들과는 다르다.

일단 정보 생산에 생업이 달려 있지 않은 경우가 많기 때문에 신뢰성에 매달릴 필요성이 적으며, 재미 차원의 요소가 많아 자신이 즐거우면 그만인 경우도 있다. 실제로 말도 안 되는 루머 성격의 정보를 퍼뜨리고 나서도 그에 대한 책임은 지지 않는다. 재미로 그랬다든지, 혹은 잘못 알고 있었던 것 같다며 한마디 하면 그걸로 그만이다. 따라서 인터넷 미디어는 신뢰성이 상당히 떨어진다. 기존의 미디어들이 다룰 수 없던 부분들까지도 들어갔다는 점에서, 혹은 기존의 미디어보다 빠른 속도로 정보를 전달할 수 있다는 점에서는 미디어로서 훌륭하다고 할 수 있지만 그에 상응하는 책임감이나 신뢰성은 뒷받침되지 못한다. 혹은 신뢰를 얻었다고 하더라도 그 신뢰를 가볍게 여기고 내팽개쳐 버리는 경우도 있다. 그저 개인의 사정에 따라 움직이는 개인 미디어들이 인터넷을 통해 많이 활동하기 때문이다.

'찌라시'와 '기레기'란 용어가 등장하다

세 번째 유형은 앞선 두 가지 유형이 혼합된 것이다. 인터넷 미디어를 통한 정보들은 참신하기도 하고 기존 미디어들의 제작자들이 접근할 수 없는 내용인 경우가 종종 있다. 또한 직접 나가 취재를 하는 등의 수고를 하지 않고도 이목을 집중시킬 수 있는 재미있는 정보들을 얻을 수 있기도 하다. 이런 점을 악용하여 기존 미디어의 경우에도 자신의 역할을 제대로 수행할 생각은 하지 못하고 마이크로블로그에 올라오는 이야기들을 긁어다가 정보화하는 경우가 있다. 정보로서의 가치가 떨어지며 가십거리에 불과한 이런 메시지들이 버젓이 중요하고 의미 있는 정보인양 행사를 하고 있는 것이다. 이런 정보들은 공신력 있는 미디어들에 대한 신뢰성에도 상처를 입히는 결과를 가져온다. 정보의 생산자나 소비자 둘 다 부정적인 결과를 손에 들게 되는 것이다. 따라서 이런 정보를 옮기는 미디어의 기자들을 가리켜 '기자'란 용어와 '쓰레기'란 말을 합친 '기레기'라는 신조어로 부르며, 기레기들의 기자로 활동하는 언론사는 '찌라시'라고 폄하하며 조롱하기도 한다.

인터넷이 등장한 이후 발생한 이런 변화는 1517년의 '그 사건' 이후 벌어진 상황과도 상당부분 유사하다. 구텐베르크에 의해 촉발된 인쇄술의 발전으로 인해 저가로 성경을 찍어낼 수 있게 되면서 성경이 널리 보급되었으며, 천주교 사제들의 잘못들을 지적한 이야기들에 대중들은 공감하고 동조하게 된다. 이로 인해 기독교 역사에 매우 중요한 사건 중 하나인 종교개혁 운동이 촉발되었다는 것은 주목해야 할 사건이다. 성경은 더 이상 사제들만이 가질 수 있는 물건이 아니며 누구나 개인적으로 소장하고 읽으며 묵상할 수 있는 존재로서 새로운 자리를 찾게 되었다. 그러나 성경이 일반인들의 손에 들어가면서 긍정적인 효과만 있었던 것은 아니다. 시대적 맥락과 비유들이 많은 성경을 자기 마음대로 해석하는 사람들이 생겨나면서 다양한 이단 종파가 우후죽순처럼 생겨나게 되었다. 성경을 뜯어 맞춰 나름대로의 논리와 감정적 요인들을 더해 사람들을 미혹시키고 있는 것이다. 만약 성경이 대중에게 보급이 되지 않았다면, 말씀이란 사제를 통해서만 들을 수 있는 이야기였다면 지금처럼 수많은 이단 종파들이 등장하진 않았을 것이다. 믿을 수 있는 안정된 말씀만이 선포되었을 것이기 때문이다. 다만 그랬다면 제한되고 통제된 상황 속에서 권력을 쥐고 있는 사제들의 해석만이 존재했을 것으로 예상해 볼 수 있다.

인터넷의 등장은 구텐베르크의 인쇄술처럼 강력한 순기능과 부작용을 동시에 유발하고 있다. 그렇다면 우리는 이러한 상황들을 어떻게 돌파해나갈 것인가를 생각해 볼 필요가 있다. 단순하게 그저 좋다 혹은 나쁘다는 수준으로 이야기를 풀어가는 것은 바람직하지 못하다. 변화된 상황 속에서 어떻게 행동하는 것이 지식인으로서, 아니 현대사회를 살아가는 인간으로서 필요한 능력을 갖고 있다고 이야기할 수 있는 것인지 생각해보아야 한다.

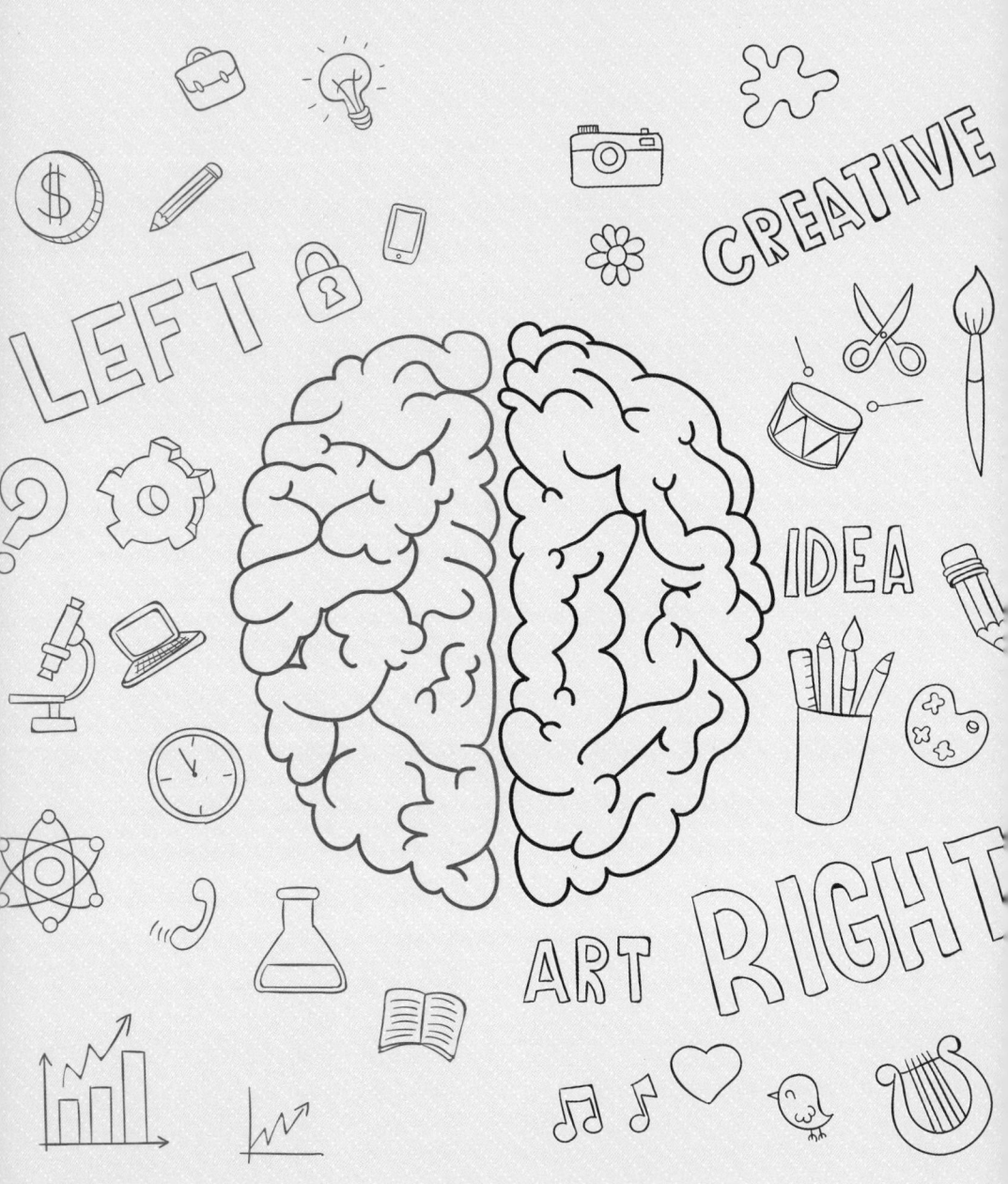

7장

커뮤니케이션의 위기를 돌파하는 오기(傲氣)의 대화법

오기(傲氣)는
오기(五技)로 부려라

지켜봐야 할 관전포인트는?

인터넷은 인간에게 새로운 환경에 적응할 것을 요구하고 있다. 이전의 사람 대 사람, 사람 대 미디어, 또 미디어 대 미디어 등 다양한 미디어 환경 속에서 커뮤니케이션의 모습이 새롭게 변하고 있기 때문이다. 이는 잔잔한 호숫물에 던지는 하나의 돌멩이이며, 인간의 커뮤니케이션 환경에 닥치는 크나큰 위기로 보아도 무방하다. 미디어의 구술적 성격과 문자적 성격, 그리고 인터넷의 등장으로 인해 인터넷이란 새로운 미디어이자 플랫폼 위에 얹어진 문자성과 구술성 등 편향성은 하나의 멋진 커뮤니케이션의 데칼코마니를 만들어낸다. 그리고 이러한 초현실적 이미지는 앞으로의 상황들을 예측하기 상당히 어려운 모습으로 몰아가고 있다. 그렇다고 마냥 손을 놓고 돌아가는 것을 지켜만 볼 수도 없는 일이다. 새로운 상황 변화들을 인식하고 문제 상황들을 정면으로 돌파하며 새로운 길을 내는 작업들을 해야 할 것이다. 앉아서 할까 말까, 혹은 될까 안될까를 계산하지 말고 변화를 이겨내겠다는 굳은 의지와 오기(傲氣)를 갖고 상황을 돌파하려는 노력이 필요하다.

새로운 커뮤니케이션 환경에서 소통의 기술은 이전과 획기적으로 다르다고 이야기할 수는 없을 것이다. 하지만 분명 차별화된 관점과 다른 이미지들을 그릴 수 있어야 한다. 이를 위해 우선 인터넷이라는 미디어가 미치는 영향력들을 살펴보는 것이 필요하다. 인터넷으로 인해 어떤 변화가 발생하였으며, 그것들 간에 어떠한 상호작용이 일어나고 있는지 지켜볼 필요가 있다. 이에 인간의 사고, 정보의 흐름, 권력의 위치 등 크게 세 가지가 지켜봐야 할 포인트가 된다.

인간의 사고가 어디로, 어떻게 흐르는지 주목해야 한다

첫 번째는 인간의 사고다. 인터넷이 인간의 사고를 바꾸었다는 논의는 계속해서 있어 왔다. 인지이론이나, 뇌과학, 특히 신경과학 쪽에서도 미디어가 인간의 사고 패턴에 영향을 미칠 수 있음을 주장해왔다. 미디어를 활용하는 과정에서 뇌의 신경구조에 변화가 일어난다는 것이다. 편향성도 이러한 주장을 지지한다. 미디어가 갖고 있는 편향성 때문에 인간은 어떤 미디어를 사용하느냐에 따라 사고하거나 행동하는 양식에 변화가 발생할 수 있는 것이다.

앞서 잠시 언급한 적이 있는 카^{Carr}의 『생각하지 않는 사람들』이란 책에서 보면 뉴런과 시냅스 개념을 이용해 뇌에 미치는 나쁜 영향에 대해 많은 사례를 소개한다. 그는 인터넷 문서들을 이루는 핵심요소인 하이퍼텍스트 혹은 검색어를 넣어서 결과값을 찾는 연산의 과정이 초기에는 굉장히 뛰어난 지식 연결의 방법으로 긍정적인 이목을 끌었지만, 이제는 필요이상의 정보를 노출하고 인간의 집중력을 떨어뜨린다는 역기능을 지적받고 있다고 말했다. 이러한 역기능의 가장 큰 문제점은 인간이 사고할 수 있는 힘을 약화시킨다는 데 있다는 것이다. 현재 포털에서 제공하는 서비스들도 수많은 하이퍼링크와 하이퍼텍스트들의 배열이다. 실제로 인터넷 서핑을 하다 보면 시간 가는 줄 모르고 링크에 링크를 타고 클릭을 계속하는 경우가 많다는 것을 경험할 수 있다. 따라서 인터넷 서비스들을 제공하는 환경과 사용 패턴을 관찰함으로써 앞으로 미디어가 어떻게 변화할 것인지는 물론 인간은 어떻게 대응해가야 할 것인지를 분석할 필요가 있다. 이는 인터넷의 등장으로 인해 인간에게 닥친 위기상황에 대한 본질적 부분을 다루는 것으로 반드시 꼼꼼하게 관찰하고 넘어가야 할 것이다.

정보의 생성과 유통과정을 관찰해야 한다

두 번째는 정보의 흐름이다. 인터넷은 정보의 양 자체를 방대하게 키워놓았다. 우선 실제 양적인 측면의 증가가 있었다. 의미 있고 가치 있는 정보만이 아니라 과거에는 잘 드러나지 않았던, 혹은 정보라고 생각하지 않았던 것들도 정보라고 대접을 받게 되었다. 시시콜콜한 개인의 상황이나 경험들이 정보로서 인정받게 된 것이다. 또한 과거에는 일정 수준 이상의 질과 양을 갖춘 정제된 정보만이 유통될 수 있었던 것에 비해 인터넷이 등장한 이후에는 다소 내용이 거칠고, 한 개 단위의 정보로서 양이 적다고 할지라도 유통이 가능한 상황으로 변모되었다. 가수들이 발매하는 디지털 싱글 앨범을 생각하면 이해가 쉬울 것이다. 원래 앨범이라고 하면 보통 한 장의 CD에 최

QR33 [WEB] 멜론 뮤직 최신앨범

소한 10여 곡 정도의 구성을 갖춘 상태로 만들어졌었다. 앨범재킷에는 그 10여 곡에 대한 제목, 가사, 그리고 가수의 이런저런 프로필 사진이 담겨야 그럴싸하게 한 장의 앨범으로서 가치가 있어 보였다. 그러나 요즘에는 2~4곡, 아니 아예 1곡만 갖고도 디지털 싱글이란 이름으로 앨범이 발매되기도 한다. 이런 형태의 앨범은 음반매장보다는 인터넷의 음원사이트들을 통해 판매되는 것을 목표로 작업된다. 음반 시장이 한 장에 만 몇 천원 정도하는 CD가 아니라 한 곡에 1,000원 미만의 가격으로 원하는 음악 파일만 구입하는 형태로 변했기 때문이다.[QR33] 이제는 한 장의 앨범을 채우기 위해 여러 곡의 작업을 할 필요가 없다. 타이틀 한 곡이 가수와 기획사의 수입과 직결된다. 음반시장의 사례에서 보는 것처럼 인터넷은 상대적으로 정보의 제작을 쉽게 만들었다. 따라서 생산에 참여하는 사람들이 늘고 자연스럽게 양도 증가하는 것은 당연한 상황이라고 할 수 있다.

실제 양적인 측면에서 증가도 있었지만 정보의 네트워킹이 잘 이루어지면서 접근할 수 있는 정보의 양이 증가한 면도 있다. 인터넷이 아니었다면 여기저기 산발적으로 흩어져 특정 지역 혹은 분야에서만 활성화될 수 있었던 정보가 인터넷을 타고 전 세계적으로, 모든 분야를 망라하여 접근이 가능하도록 변화한 것이다. 인터넷 안에는 국경이란 개념이 희박하다. 물론 각 국가별 인터넷 정책의 차이 때문에 넘지 못하는 한계가 존재하기도 하지만 기본적으로 인터넷 세상은 경계가 없다. 미국이든, 한국이든, 아니면 남아프리카공화국이든 인터넷을 통해서는 자유롭게 넘나들 수 있다. 국경이라는 벽보다는 오히려 언어적인 장벽이 더 크다. 언어적 문제만 아니라면 전 세계의 정보를 훑어보는 것은 아주 간단한 일이 된다. 세계 각지에서 올라오는 정보는 검색엔진을 통해 접근 통로가 열린다. 인터넷에서 볼 수 있는 형태로 전환된 글, 사진, 음악, 영상 등 모든 형태의 자료들을 확인할 수 있다. 정보를 구하기 위해 도서관을 간다든지 특정 지역으로 이동해야만 하는 수고로움을 덜 수 있게 되면서 정보를 갖고 있다는 것 그 자체가 곧 힘이 되던 상황은 새로운 국면에 접어들게 되었다. 따라서 정보의 생산과 소비, 그리고 유통에 대한 부분들을 살펴볼 필요가 있다. 유통의 과정에 참여하는 사람들이 증가하고 유통의 과정에서 생산과 재생산, 그리고 소비의 패턴에 변화가 발생하면서 정보를 어떻게 습득하고 활용하며 관리할 것인지 고려해야 한다. 또한 정보의 종류가 증가했다는 것도 주목할 필요가 있으며 자신에게 적합하고 잘 어울리는 정보의 형태를 선택하여 유통 과정에 참여하는 것도 의미가 있을 것이다.

미디어가 지지하는 권력이 어디로 향하고 있는지 보아야 한다

세 번째는 미디어가 지지하는 권력의 위치다. 인터넷을 통해 메시지를 생성하거나, 생성할 수 있는 사람들이 증가하면서 미디어에 의한 권력의 지형도도 예전과는 사뭇 달라졌다. 사용자의 참여가 늘어나면서 사용자에게 권력이 일부 이동하기도 하였으며, 예전에는 커뮤니케이션 과정에 존재하지 않았던 존재가 강력한 힘을 갖게 되기도 한다. 이러한 두 가지 특징이 잘 드러나는 가까운 예가 인터넷 포털이다.

사실 포털은 인터넷을 통한 정보들이 드나들 수 있게끔 만들어주는 플랫폼의 성격이었다. 정보를 담아내기 위한 목적이라기보다는 거쳐가는 곳이라고 봐야 한다. 사용자들은 인터넷을 사용하는 첫 단계로서, 검색을 중심으로 원하는 것을 얻기 위한 관문으로 포털을 이용해왔다.

그런데 포털이 성장해가면서 단순 플랫폼이 아닌 정보의 저장 및 유통의 기능이 강화되기 시작했다. 자사 서비스에 붙는 광고를 수익모델로 하다 보니 더 많은 사용자를 유인할 필요가 생긴 것이다. 이에 따라 사용자의 입맛에 맞는 정보를 손쉽고 빠르게 제공하기 위해 노력하기 시작했다. 인터넷 뉴스 서비스의 경우도 포털의 이러한 전략과 맞물려 있다. 누구나 세상 돌아가는 소식을 얻기 위해 뉴스를 찾게 되기 마련이니, 이를 포털에서 제공한다면 더 많은 사람들이 유입될 것이기 때문이다. 이에 포털들은 각 언론사에서 제공하는 뉴스들을 나름의 기준과 방법으로 선별하여 제공하기 시작했다. 뉴스 외에도 다양한 생활 정보들를 모아 제공하게 되었으며 메일, 블로그, 카페, 마이크로블로그 등 사용자들이 즐겨 찾을 만한 서비스들을 개발하여 무료로 제공하는 전략을 취하게 되었다. 이는 사용자들을 끌어들이는 것은 물론 떠나지 못하게 붙잡는 기능들을 수행하게 된다.

특히 초기에 포털들은 메일 서비스의 확장에 열을 올렸었다. 메일은 많은 사용자들이 고정적으로, 거의 매일 확인해야 하는 커뮤니케이션 방법이었기 때문에 자사의 사이트에 방문하는 확률을 높일 수 있는 대표적인 전략으로 활용되었다. 사실 메일 시장은 초기에는 한메일로 서비스를 시작한 다음이 탄탄한 틀을 확보한 영역이었기 때문에 이후에 메일 서비스에 뛰어든 포털들은 메일의 용량으로 승부를 보려는 경향이 많았다. 지금은 사라졌지만 KTH의 파란Paran과 같은 포털의 메일서비스도 당시로는 획기적인 대용량을 제공하는 방향으로 마케팅을 진행했었다. 그 결과 빠른 시간 안에 상당한 가입자를 확보했던 것으로 기억한다. 물론 그러한 전략이 서비스의 전부가 될 수 없다는 것도 사라지고만 수많은 포털들이 증명해주고 있다.

〈파란닷컴 홈페이지(2007년 12월). 해당 URL은 현재 KTH의 홈페이지로 연결된다〉

 각종 정보들이 포털을 중심로 유통되기 시작하면서 포털의 힘은 더욱 강력해졌다. 단순히 플랫폼으로서의 성격을 넘어 사회를 움직일 수 있는 중요한 아젠다를 세팅하는 역할을 하게 된 것이다. 사람들은 포털에 모여서 자신들의 의견을 표현하고, 지지받으며 그 규모를 확장시킬 수 있다. 온라인에서 집결된 힘은 단순히 온라인 안에만 머무르지 않고 오프라인까지 확장될 수 있다. 따라서 포털을 사용하는 일반 사용자들의 힘과 권리도 동반 상승했다. 누구나 사회적으로 힘을 행사할 수 있는 가능성을 가지게 되었기 때문이다. 이처럼 인터넷의 등장으로 인해 정보가 갖는 힘의 위치는 이전과는 다소 달라지게 되었으며, 소외되었던 혹은 존재하지 않았던 서비스들이 새로운 강자로 드러나게 되었다.

세 가지 관점에 기반한 다섯 가지 대화의 기술이 필요하다

따라서 이러한 변화된 상황을 돌파하고 삶의 지평을 확장하기 위해서는 새로운 소통과 대화를 이어갈 수 있는 기술들을 필요로 한다. 주어진 상황을 바라보는 올바른 시각, 상황과 맥락을 포함한 탁월한 언변, 이미지를 활용한 직관적 소통, 소통의 내용이 온몸으로 이해되도록 하는 스토리텔링, 마지막으로 쏟아지는 정보를 적절하게 취사선택하고 재가공할 수 있는 큐레이션 능력 등 다섯 가지 기술들을 제안한다. 이러한 오기(五技)를 통해 사물인터넷 시대를 마주하는 오기(傲氣)가 키워질 수 있다.

[스토리 밖의 스토리]

인터넷 포털에서 뉴스를 서비스하면서 발생한 미디어 환경 변화

　인터넷이 등장하면서 다양한 산업 현장이 변화를 맞이했지만 언론사만큼 획기적인 변화를 겪은 곳도 드물 것이다. 뉴스가 포털을 유통 플랫폼으로 사용하기 시작하면서 언론시장에는 일대 지각변동이 일어나게 된다. 인터넷은 일약 뉴스 유통의 최전방에 서게 되고, 사람들의 뉴스 소비 패턴을 완전히 뒤바꿔 버렸다. 이는 언론사의 수익모델까지 손보게 만든다.

　인터넷 뉴스가 등장하기 전까지 뉴스를 유통하는 가장 보편적이고 강력한 유통수단은 TV나 종이 신문이었다. TV뉴스의 경우 아침 뉴스와 저녁 9시경의 저녁 뉴스가 중심이었으며, 신문은 아침에 배포되는 조간신문, 저녁 때 배포되는 석간신문으로 구성되어 있었다. 정해진 시간에 맞춰서 뉴스는 작성되기 마련이었으며, 특별한 대형 사건이 아닌 이상 실시간으로 어떤 소식이 방송이나 신문을 통해 전달되기는 어려웠다. 특히 배포 시간이 정해져 있는 신문의 경우 더 제약이 많았다. 예를 들어 우리나라와 지구 반대쪽에 있는 어느 나라에서 올림픽이 열렸을 경우, 시차로 인해 우리나라 시간으로는 밤새 경기가 진행되었을 수 있다. 그 결과 얻은 메달 소식을 당일 조간신문으로 받아본다는 것은 구조적으로 불가능했다. 그나마 TV뉴스는 그때그때 상황에 따라 자막을 내보내거나 특집 뉴스를 구성하는 형태로 실시간에 준하는 속도로 소식을 전할 수 있었다.

　언론사들은 방송의 전후 혹은, 신문 지면의 주요 위치에 광고를 실어 광고주들로부터 비용을 받거나, 시청자 및 구독자들로부터 받은 시청료 혹은 구독료를 통해 수입을 구성하였다. 그러나 일반적으로 시청료나 구독료보다는 광고주로부터 받는 광고료가 수입원으로서 비중이 더 컸다. 따라서 고가의 광고를 낼 수 있는 대형 광고주가 언론을 통해 힘을 발휘할 수 있는 경우가 많았다.

　그러나 인터넷을 통해 뉴스가 보급되기 시작하면서 상황은 달라졌다. 일단 뉴스가 배포되는 시간의 제약이 사라졌다. 예전에는 신문의 경우 조간 혹은 석간에 맞춰서

225

만 뉴스가 배포될 수 있었지만 이제 실시간으로 홈페이지나 포털을 통해 뉴스를 게시할 수 있다. TV뉴스도 상황은 마찬가지다. 이제 정해진 방송 시간이 아니더라도 홈페이지를 통해 뉴스를 배포할 수 있게 되었다. 즉, 이제는 각 언론사마다 중요한 사건을 얼마나 신속하게 보도할 수 있느냐가 경쟁력의 척도로 인식되기 시작했다. 이에 긴급 속보의 경우 TV에서의 자막 뉴스처럼 내용은 없이 제목만 올라가 1보, 2보, 3보 등으로 이어지는 경우도 발생하기 시작했다. 사람들은 이제 뉴스를 보기 위해 신문이나 TV뉴스를 보기 보다는 인터넷, 특히 포털을 통해 뉴스를 소비하는 경향이 더 늘어나게 되었다.

상황이 변하면서 문제도 발생하게 되었다. 기본적으로 포털은 뉴스를 직접 생산하지는 않는다. 다만 어떤 뉴스를 어떤 순서로 배치할 것인지 결정하는 편집을 진행할 뿐이다. 즉, 정보를 직접적으로 다룬다기보다는 간접적으로 정보의 노출에 관한 작업을 하게 되는 것이다. 그런데 뉴스도 사용자를 유인하기 위한 방법 중 하나이다 보니 자연스럽게 재미있거나, 황당하거나, 충격적인 정보들이 우선되는 뉴스로 결정되는 경우가 많았다. 사안의 중요성보다는 가십성, 흥미 위주로 변해가게 되는 것이다.

더 나아가 정치적 이슈가 있는 기사의 경우 포털이 어떤 언론사 혹은 뉴스를 전면에 배치하느냐에 따라서 해당 포털이 특정 정치적 성향을 갖고 있다고 여겨지는 경우도 발생했다. 예를 들어 A 포털은 보수적이라느니, B포털은 진보적이라느니 하는 사용자들의 수근거림이 오가게 된 것이다. 이는 포털을 운영하는 기업 입장에서는 결코 달가운 상황이 아니었다. 플랫폼으로서 중립을 지키는 것이 필요한 입장에서 특정 정치적 성향을 띠는 것으로 지목받는다는 것은 사용자들을 이탈은 물론 예상하지 못했던 각종 사건들을 유발하는 도화선이 될 수 있기 때문이다.

이런 상황에서 대표 포털인 네이버는 인터넷 뉴스에 대해 어떤 형태의 편집도 포기한다는 선언을 하게 된다. 더 이상 뉴스를 선별하는 형태의 편집작업도 하지 않고 중립적 성격의 플랫폼 역할에 충실하겠다는 것이다. 이에 따라 메인페이지에 각 언론사의 공간이 마련되고, 그 공간에 올라오는 뉴스에 대해서는 의사결정권을 해당 언론사에 맡겨버린 것이다. 이를 통해 네이버는 뉴스의 편집으로 발생하는 책임소재와 직접적인 비난으로부터 다소 자유로워질 수 있었다.

더 나아가 뉴스를 클릭하게 되면, 네이버 서비스 내의 창이 뜨는 것이 아니라 해당 언론사의 홈페이지로 이동하도록 구조를 변경했다. 이러한 조치로 뉴스를 통해 얻는 수입을 언론사와 배분한다는 차원의 상생 구도를 만들어냈다. 포털이 각 언론사 홈페이지로 사용자를 밀어 넣어주는 역할을 하게 되면서 언론사들은 자사 홈페이지 내의 공간을 활용하여 광고를 게재할 수 있게 되었다. 이는 새로운 수입원이 발생함을 의미한다. 즉, 그동안은 각 방송의 앞 뒤나 신문지면의 광고료, 혹은 시청료나 구독료 정도로만 수입이 구성되었다면 이제는 홈페이지를 통한 광고 수익까지 얻을 수 있게 된 것이다. 그런데 이 부분에서도 문제는 드러났다. 우선 각 언론사들이 자신의 홈페이지로 사용자들을 유인하기 위해 자극적으로 뉴스의 제목을 뽑는 행태가 더욱 심해졌다. 제목의 끝을 아리송하게 흐려서 사용자들이 잘못된 추측을 하게끔 만들거나, 아니면 다소 과장된 표현을 사용하여 사용자들의 클릭을 유도한다. 사용자들은 뉴스를 보고 난 후 궁금증이 해결되거나 만족스러움을 얻기보다는 짜증스러운 경험을 하게 되는 경우가 많아졌다. 사용자들을 불쾌하게 만드는 상황은 이뿐만이 아니다. 각 언론사들이 홈페이지 곳곳에 광고를 게재하는데, 청소년들에게 노출되어서는 안 되는 성인광고들 혹은 민망한 사진들을 담은 광고들이 사방에서 번쩍거리게 된 것이다. 이로 인해 청소년들은 물론 성인인 사용자들까지도 뉴스를 보다가 난감해지는 상황이 발생하게 되었다.

인터넷 포털을 통한 뉴스의 유통은 사용자들에게 단지 정보를 얻는 속도만을 빠르게 한 것이 아니다. 사용자들이 뉴스를 소비하는 새로운 형태를 만들어내었다. 대표적인 것이 댓글이다. 이제 사용자들은 단순히 뉴스를 일방적으로 소비하는 존재가 아니다. 자신의 생각이나 의견을 댓글을 통해 제시하기도 하고, 다른 사용자들이 남긴 댓글을 평가하고 다시 댓글을 다는 등의 2차, 3차적 소비 행태를 보인다. 따라서 뉴스의 질에 대한 평가를 하기도 하며, 잘못된 뉴스일 경우 댓글을 통해 반박을 할 수 있는 기회도 얻었다. 또한 뉴스화된 어떤 사안에 대해 대중의 관심이나 의견이 어떠한지 가볍게 확인해 볼 수 있는 장치로서의 역할도 수행하고 있다.

일기(一技):
건강한 시각으로 보기

프레임이 중요하다

[QR34] 프레임

오기의 기본은 '어떻게 보느냐'이다. 즉, 세상을 보는 관점인 프레임$^{QR34 Frame}$에 대한 고민부터 출발해야 한다. 프레임이란 인간이 성장하면서 생각을 더 효율적으로 처리하기 위해 사용하는 방식을 뜻하는 용어로, 인간은 어떤 조건에 대해 거의 무조건적으로 반응하는 경향이 있기 때문에 프레임을 '마음의 창'이라고 비유하곤 한다. 어떤 대상 또는 개념을 접했을 때 어떤 프레임을 갖고 있느냐에 따라 그 해석이 바뀌기 때문이다. 미국의 언어학자인 조지 레이코프$^{George Lakoff}$의 프레임 이론$^{Frame Theory}$에 따르면 프레임이란 현대인들이 정치적 혹은 사회적 의제를 인식하는 과정에서 본질과 의미, 사건과 사실 사이의 관계를 정하는 직관적 틀을 말한다고 했다. 쉽게 말해 컵에 남아 있는 물의 양에 대해 서로 다르게 표현한 두 사람의 이야기도 프레임에 관한 내용이라고 볼 수 있다. 어떤 컵에 물이 절반 들어 있다

QR34 [위키백과] 프레이밍

고 했을 때, A라는 사람은 "절반밖에 안 남았네."라고 말했고, B라는 사람은 "절반씩이나 남았네."라고 했다는 이야기는 성격의 긍정성, 낙천성에 초점을 맞출 것이 아니라 서로 다른 해석을 하게 된 프레임의 차이로 보는 것이 더 합리적이다. 인간에게 프레임은 어떤 영향을 미치며, 그 결과 어떤 문제들이 일어날 수 있는지 조금 더 구체적인 에피소드를 하나 들어 생각해보고자 한다.

"어린 놈이 어디서 큰 소리야!"

다음 그림에서 제시하는 교통상황을 잘 확인한 후 에피소드를 살펴보자. 어떤 시골 도로에서 벌어진 두 운전자 간의 갈등에 관한 이야기다.

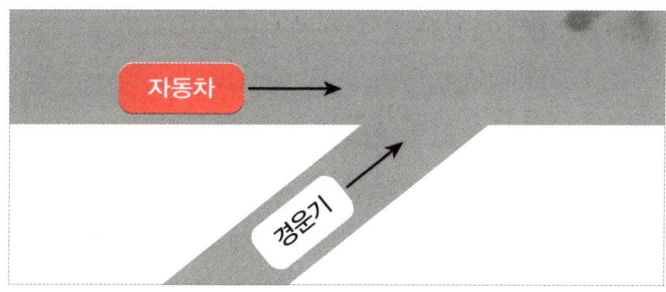

〈시골길에서 만난 두 대의 차량 상황〉

    20대 후반의 젊은 청년 K군은 자동차를 타고 어느 한적한 시골길을 달리고 있었다. '룰루랄라~' 한참 달리고 있는데 저 앞에 작은 샛길에서 K군이 달리던 대로로 진입하려는 경운기 한 대를 발견했다. 경운기에는 백발의 노인 한 분이 무심하게 터덜터덜 운전을 하고 있었다. K군은 잠시 생각에 빠졌다. 저 경운기를 먼저 보내야 할 것인가, 아니면 그냥 이 속도로 달려 먼저 지나쳐야 할 것인가? 순간 고민했지만 직진하는 차에게 우선권이 있다는 생각에 그대로 내달렸다. 내심 경운기도 이런 상황에서는 한 번에 큰 길로 끼어들지 않을 것이라는 생각도 있었다. 그러나 이러한 K군의 생각은 오판이었다. 멈출 줄 알았던 경운기가 그대로 대로로 끼어들기를 시도한 것이다. 깜짝 놀란 K군은 급히 브레이크를 밟아 가까스로 멈춰 섰다. 멍해진 머릿속, 잠시 운전대에 머리를 처박았다. 다행히 사고는 피했지만 그냥 넘어갈 문제가 아닌 것 같아 차에서 뛰어 내려 경운기를 몰던 할아버지에게 다가갔다. 의외로 당당한 할아버지의 표정에 어이가 없어진 K군은 할아버지에게 쏘아붙였다.

    "아니, 할아버지. 이렇게 막무가내로 도로로 진입하시면 어떡합니까?"

    그랬더니만 할아버지는 사과를 하기는커녕 역정이 가득한 눈빛으로 K군에게 소리를 질렀다.

    "어린 놈이 어디다 대고 큰 소리야! 아들 뻘도 안 되는 녀석이!!"

    기가 막힌 K군은 직진하는 차가 우선이 아니냐며 할아버지는 당연히 일단 정지를 했어야 했다고 말했지만 소용이 없었다. 법적으로 보았을 때 어떤 사람이 잘못한 것인지에 대해서는 전혀 관심이 없었다. 엉뚱하게 너는 아비 어미도 없냐는 둥 더욱 험한 소리만 귓가에 쏟아졌다. 더 이상 논쟁이 불가능하다고 판단한 K군은 차를 몰고 그냥 그 자리를 떠날 수밖에 없었다.

K군은 시골길을 운전하다 날벼락을 맞았다. 도로교통법상 교차로 우선권을 가진 차는 직진 방향으로 가던 차였기 때문에 K군의 생각은 크게 틀리지 않았다. 끼어드는 차량이었던 할아버지의 경운기가 K군의 차를 보낸 후 도로에 진입하는 것이 맞는 것이다. 따라서 K군은 이러한 논리에 근거하여 본인의 정당함을 주장했다. 하지만 할아버지의 관점은 달랐다. 어른이 지나가는데 어디 새카맣게 어린 녀석이 먼저 지나가려고 하느냐, 게다가 뭘 잘 했다고 큰 소리냐고 불같이 화를 낸 것이다. 두 사람은 같은 상황에 있었지만 각기 다른 프레임을 가지고 있었다. 한 사람은 상식에 근거한 논리로, 다른 한 사람은 문화적 배경에 근거한 도의로 상황을 판단한 것이다. 이처럼 프레임이 다르면 같은 상황에 대해서도 서로 완전히 다른 이야기를 하게 될 수밖에 없게 되는 것이다.

인터넷을 통해 정보 생산에 참여하는 사람들이 늘어가고, 비전문가들도 가볍게 정보를 공유할 수 있게 됨에 따라 인터넷을 통해 얻은 정보의 신뢰성은 떨어졌고, 예전에는 고려해보지 못했던 다양한 관점을 지닌 내용들이 유통되게 된다. 과거에는 소수의 전문가들이 주로 정보를 생산 및 유통했기 때문에 사용자 입장에서는 정보의 진위나 가치에 대해 큰 고민을 하지 않아도 되었으나 이제는 상황이 달라졌다. 사용자는 유통되는 정보의 가치와 유용성에 대해 스스로 판단을 해야 한다. 이런 판단의 과정에서 프레임은 중요한 역할을 한다.

프레임이 건강해야 제대로 된 상황 판단을 할 수 있다

프레임의 첫 번째 역할은 사건을 바라보는 시각을 만들어낸다는 것이다. 인터넷을 통한 정보 유통이 이루어지기 이전에도 물론 어떤 정보를 대하는 개인의 관점은 중요했다. 정보를 만들어 낸 관계자들마다 나름대로의 상황과 맥락, 그리고 입장이 있기 때문에 정보를 있는 그대로 받아들이기는 어려웠기 때문이다. 뉴스의 경우를 다시 예로 들면 A라는 신문사는 보수적 시각을, B라는 신문은 진보적 시각을 갖고 있을 경우 이러한 배경을 고려하여 뉴스를 접하는 것이 올바른 뉴스 소비 행태였던 것이다. 그러나 일단 신문이라는 미디어 자체에 대한 기본적인 신뢰는 있었고, 뉴스를 만들어내는 사람도 전문성을 인정받은 사람이었기에 정보를 받아들이는 비판적 시각 혹은 프레임의 수준이 그다지 견고하지 않아도 되었다. 그러나 마이크로블로그를 비롯한 다양한 미디어 서비스를 바탕으로 정보가 생산되면서, 이를 적절히 활용하기 위한 보다 잘 구성된 프레임이 필요해졌다. 정보나 메시지를 생산하는 사람보다 받아들이는 사람의 관점이 더 중요해졌기 때문이다. 스스로 들어오는 정보를 걸러낼 수 있는 필터를 가져야만 자신의 의도와 상황에 부합하는 이상적 정보를 습득할 수 있는 것이다.

프레임이 건강해야 정보 생산자로서 자격이 있다

프레임의 두 번째 역할은 정보의 생산자로서 개인에게 의미를 부여하는 것이다. 미디어와 사용자의 관계에서 더 이상 일방적 수신이란 있을 수 없다. 정보의 사용자들은 곧 생산자이기도 하다. 이러한 변화에 따라 생산자인 프로듀서Producer 혹은 전문가를 뜻하는 프로페셔널Professional과 소비자인 컨슈머Consumer를 조합한 프로슈머Prosumer란 표현도 이미 오래 전부터 사용되어 오곤 했다. 어떤 정보나 메시지를 제작하려는 개인은 우선 관심 있거나 필요로 하는 정보를 수집한다. 수집된 정보를 자신의 생각에 따라 재구성하거나 아예 새롭게 만들어 내게 되는데 이때 프레임이 중요한 역할을 한다. 정보를 수집하는 단계에서도 물론 그렇지만 특정 정보를 또 다른 정보로 재생산하는 과정에는 프레임이 일종의 틀과 같이 작용한다. 제작자의 프레임은 정보에 의미가 부여하며, 가치를 정의한다. 또한 프레임은 정보의 제작자와 소비자를 만나게 해주는 접점이 되기도 한다. 정보의 수신자가 다양한 정보들 중에서 선택하는 것은 결국 자신과 유사한 프레임을 갖고 있는 제작자들에 의해 생산한 것이다. 즉, 정보를 수집하는 데에도 프레임은 사용되며, 정보를 생산하는 과정에서도 프레임은 중요한 역할을 한다. 따라서 정보와 정보의 만남은 결국 프레임과 프레임의 결합이며, 프레임이 비슷한 사람들이 인접한 공간에서 만나게 된다.

'~카더라. 아님 말고.'식의 커뮤니케이션은 제 살 깎아 먹기다

이처럼 프레임은 인터넷이라는 광범위한 네트워크를 따라 다양한 사람들이 만들어내는 정보 속에서 가치 있는 메시지를 찾고, 사용하고, 또 제작하기 위해 중요하다. 때문에 건전하고 건강한 마인드를 갖고 프레임을 구성할 필요가 있다. 만약 프레임이 비도덕적이고, 비인간적이라면 그 프레임에 따라 정보를 재구성하고 배포하는 과정에서도 긍정적 요인들을 찾기 어려울 것이며, 자신은 물론 주변 사람들에게까지 피해를 입히고 상처를 줄 수 있다. 특히 검증되지 않은 정보, 소위 '카더라'라고 하는 이야기들이 인터넷을 통해 많이 돌게 되는데, 이는 그것이 사실이든 사실이 아니든 간에 관련된 사람들에게 상처를 주고 씻어

내기 어려운 고통의 상황 속에 밀어 넣을 가능성이 있다. 이러한 유형의 정보를 찾고 유통하는 사람에게는 늘 이러한 정보들만 눈에 들어오게 되기 때문에 잘못은 반복되고 지속적으로 일어날 가능성이 높다. 보통 이런 사람들은 '악의는 없었다.'라고 이야기하지만, 그러한 정보를 선택한 것도, 다시 유통한 것도 자신의 내면 속에 있는 뒤틀린 프레임에 따른 산물이라고 봐야 한다. 따라서 바른 프레임을 갖기 위해 노력해야 하며, 자신의 프레임에 어떤 부족한 부분이 있는지 점검해야 한다.

〈프레임은 곧 마음의 창이다〉

이기(二技):
탁월하게 말하기

말을 잘하면 사기꾼?!

두 번째로 중요한 기술은 말하기 능력이다. 사실 문자라는 미디어가 등장한 이후 말하기의 가치는 계속해서 떨어져 왔다. 글을 잘 쓰는 사람은 학자라고 불리는 경우가 많았지만 말을 잘 하는 사람에 대해서는 가치를 높게 평가하지 않는 경우가 많았다. 심지어 말을 잘하면 때론 장사꾼, 사기꾼이 어울린다는 농담을 듣는 경우도 종종 있곤 했다. 실제로 사기꾼이 되라는 의미가 아니라 그만큼 말을 잘하는 것에 대한 사회적인 인정이 부족했다는 것이다. 이는 지식이 유통되는 방법으로서 문자가 갖고 있는 영향력이 워낙 컸기 때문이다.

앞서 커뮤니케이션의 역사적 접근을 통해서도 보았지만 문자가 등장하기 이전, 광장형 커뮤니케이션이 이루어지던 시절에는 말하기가 중요했다. 말로 하는 것만큼 지식을 전달하기에 최적화된 수단이 없었다. 지식인들은 말을 통해 자신이 알고 있는 바를 대중에게 전달했으며 지식을 배우고자 하는 사람들은 지식이 발화(發話)되는 그 현장에 있어야만 했다. 그래서 지식에 정말로 목마른 소위 제자라는 사람들은 24시간 스승의 곁을 떠나지 않으며 그가 이야기하는 모든 것을 듣고 배우고자 했다.

'글쓰기' 능력이 많은 것을 증명하는 시대가 되었다

그러나 문자가 등장한 이후에는 판도가 완전히 달라졌다. 말은 입을 떠나는 순간 휘발되어 버리기 때문에 지식의 유통에 있어서 제한적 역할밖에 수행할 수 없었지만 문자는 달랐기 때문이다. 문자가 등장한 이후 책이라는 미디어를 통해 지식이 저장 및 유통되기 시작한다. 이전의 말하기를 통한 지식 전달이 갖고 있던 각종 제한점들은 문자 앞에 눈 녹듯 사라져 버렸다. 문자는 그것이 가진 강력한 장점들을 바탕으로 최고의 지식 유통 수단으로 자리잡게 된다. 더 이상 지식인들은 광장으로 나오는 것에 집착하지 않고, 알고 있는 바를 글로 적어 뿌리는 것에 집중하게 되었다. 문자로 정리된 지식들이 모여있는 도서관이라는 시스템은 지식의 상징이자 지식에 생명을 부여하는 인큐베이터와 같은 역할로 인정받게 된다. 따라서 지식인이 되기 위해서는 글을 잘 쓰는 능력이 필수적으로 요구되게 된 것이다.

지식 전달에 있어서 문자의 힘은 학교라는 근대 교육 시스템을 만나면서 더 강력해진다. 학교란 사회가 인정하는 공식적인 교육기관으로서 교사라는 전문가를 통해 각종 지식을 가르치는 곳이다. 학생들은 교과서를 읽으며 지식을 익히고, 교사가 가르치는 내용을 받아 적으며, 배운 내용을 글로 옮겨 제출해야만 했다. 글을 통해 지식의 습득 수준을 검증했기 때문에 학교 교육을 받은 사람은 그렇지 않은 사람에 비해 글 쓰는 능력이 좋은 경우가 많을 수밖에 없다. 특히 교육의 수준이 고등교육으로 올라갈수록 글쓰기의 능력에 대한 검증은 강력해진다.

　예를 들어 대학 입시를 통과하기 위해서는 논술이라는 제도를 통해 글쓰기 능력을 검증한다. 대학에 입학하면 전공에 따라 에세이 쓰는 능력으로 성적을 평가받는다. 학사, 석사, 박사학위를 취득하기 위해서는 논문이라는 글쓰기를 하게 된다. 즉, 모든 학업의 과정에서 자신의 생각을 논리적으로 정리하여 글로 제시하는 능력을 확인한다. 즉, 박사라면 제대로 글쓰기를 최소한 두 번 이상 해본 사람이라고 할 수 있다. 자연스럽게 지식인이란 글을 잘 쓰는 사람이란 등식까지 이어질 수 있는 구조인 것이다.

　반면에 말하는 것은 공식화된 교육기관을 거쳐 얻을 수 있는 능력이라고 보기 어려웠다. 오히려 교육 같은 것 없이도 누구나 기본적으로 잘 할 수 있는 능력이라고 여겨진다. 부모 밑에서 어린 시절을 잘 보낸 사람이라면 누구나 1~2살 사이에 말문을 트고 6~7살이 되면 나름 자신의 의견을 전달하는 데 부족함이 없는 말하기를 할 수 있게 되기 때문이다. 학교를 다닌다고 해서 학교를 다니지 않은 사람에 비해 말하기 능력이 획기적인 차이가 난다고 주장하기도 애매하며, 글쓰기 실력이 좋다면 말하는 능력이 좀 부족하다고 해도 학업을 진행하는 데 큰 어려움이 없다.

　이러한 여러 배경 속에서 말하기의 가치는 문자의 등장 이후 추락 일로를 걸어 왔다. 그러나 이제는 세상이 달라졌다. 문자가 갖고 있던 중요한 장점, 시공간을 초월하며, 지식을 저장하여 유통할 수 있다는 부분이 말을 통해서도 가능해졌기 때문이다. 미디어가 판도를 뒤바꿨다.

인터넷은 '글쓰기'를 '말하기'처럼 바꿨다

현대 미디어 환경에서 지식을 정리하고 전파하는 데 문자만이 절대적이라고 말할 수 없다. 글을 한 권의 책을 만들 수 있을 만큼 길고 멋지게 쓰지 못한다고 할지라도 지식은 유통시킬 수 있다. 말로 하는 것처럼 글을 쓰는 경우가 많은 단문 위주의 인터넷 서비스를 통해서라면 긴 호흡의 글쓰기 능력은 중요하지 않다. 그저 말하듯 한두 문장의 짧은 글을 통해서 작성한 사람이 생각하고 있는 바 혹은 지식 등을 공유할 수 있다. 이러한 단문형 인터넷 서비스들은 정보의 양을 비중 있게 다루지는 못하지만 작성자가 탁월한 인사이트가 있을 경우 글을 읽는 사용자들의 감정을 한번에 흔들어 놓을 수도 있다.

또한 링크라는 것을 통해 자신이 직접 많은 양의 정보를 만들지 않아도 이미 만들어 있는 관련 정보가 있는 장소를 소개해줌으로써 정보 전달의 부분에서 부족한 점들을 보완할 수 있다. 이러한 변화에 힘입어 과거 글쓰기 실력으로 세간의 인정을 받았던 사람들도 책이 아닌 단문형 인터넷 서비스의 세계로 발을 담그기 시작했다. 트위터나 페이스북과 같은 단문형 마이크로블로그 서비스들을 보다 보면 수많은 기존 지식인들도 새로운 형태의 정보 유통 방식을 통해 활동하고 있다. 그들은 이러한 새로운 환경이 가진 장점들을 활용하여 자신의 생각을 표현하고, 그에 대한 세간의 반응과 관심을 즉각적으로 확인함으로써 자신의 능력을 확인받고, 지적 영향력을 더 확장하기 위해 노력하고 있는 것이다.

마이크로블로그와 같은 단문형 서비스들은 그 작성 형태가 구술성에 기반하고 있긴 하지만 어쨌든 문자를 기반으로 하는 것이다. 그런데 이런 짧은 문자도 아니고 아예 문자 한 줄 없이 말하는 현장을 통째로 담아 말로만 지식을 유통시킬 수도 있다. 이는 영상이라는 미디어 및 그 활용 기술이 대중적으로 보편화되었기 때문이다. 영상 기술은 이미 오래 전부터 사용되어 왔지만 다루는 방법이 어렵고, 장비 역시 고가였기 때문에 방송 종사자와 같은 특별한 사람들이 아니고서는 활용하기 힘들었다. 그러나 영상 장비들이 저가화 및 소형화되고, 다루는 기술 역시 직관적이고 간편해지면서 스마트폰만 있어도 영상을 찍고, 공유하며, 시청할 수 있는 상황이 도래하게 되었다. 따라서 어떤 지식을 전달하기 위해 굳이 글로 작성하는 것이 아니라 말로만 표현하는 것도 가능해졌다. 말하는 것을 동영상으로 녹화하여 원하는 인터넷 서비스를 활용하여 유통시키면 되는 것이다.

말 잘하는 능력에 다시금 주목해야 한다

이러한 방법으로 메시지를 유통시키는 가장 대표적인 플랫폼이 유튜브다. 유튜브를 통해 기존 인터넷 서비스들로는 공유될 수 없었던 수많은 동영상들이 전 세계인이 함께 즐길 수 있도록 유통되고 있다. 이러한 동영상 플랫폼의 등장에 따라 TEDx와 같은 지식 공유 운동도 가능해지게 되었다. 한국 내에서도 여러 가지 이름을 사용한 각종 동영상 강연 프로그램들이 많이 존재하고 있으며, 그 숫자는 계속 늘어나고 있다. 게다가 그동안 이러한 지식 전달형 영상의 유통은 주로 인터넷 서비스들의 몫이었으나 그 가치가 높아짐에 따라 요즘에는 공중파 방송들에서도 적극적으로 뛰어들고 있다. TV를 켜면 각종 명사들이 나와 강의하는 모습들을 보는 것이 어렵지 않으며, 한국 지식시장을 강타하고 있는 인문학의 열풍도 이러한 인터넷 동영상 강연 서비스들이 있었기에 가능했다고 본다.

 이처럼 동영상을 통해 말하는 것 자체가 유통될 수 있는 환경이 되면서 과거 상대적으로 주목받지 못했던 '말 잘하는' 지식 전달자들이 전면으로 나오기 시작했다. 이름만 대면 바로 알만한 수많은 명사들이 대중의 인지도 위로 떠올랐으며, 예전 같으면 지식인의 대열에 끼기 어려웠던 일반인들도 이런 자리를 통해 자신의 경험들을 공유하고 있다. 책을 통해 얻은 지식이 아니더라도 생활 속에서 어떤 역경을 견뎌내었거나 자신만의 특별한 노하우를 갖고 있다면 새로운 지식인으로서 가치를 인정받을 수 있게 된 것이다.

 상황이 이렇게 변했기 때문에 인터넷 미디어가 등장하기 이전처럼 글쓰기만 지식 전달의 방법으로 인정해주던 분위기는 탈피해야만 한다. 글을 잘 쓰는 것만큼 프레젠테이션을 잘 하는 것도 중요한 능력이 되며, 컴퓨터 앞에서 웹캠으로 찍은 짧은 영상도 영향력을 끼칠 수 있는 지식이 되는 것이다. 글 쓰는 실력이 부족하다 할지라도 말을 통해 얼마든지 지식을 생산하고 유통시킬 수 있기 때문이다. 말하기가 글쓰기의 보완재로써 역할만 하는 것이 아니라 말하기 자체도 하나의 독립적인 지식 유통 수단으로 인정 받아야 하며, 때에 따라 글쓰기가 말하기의 보완재가 될 수 있다는 인식의 전환이 필요하다. 따라서 이러한 말하기 능력을 성장시키는 방법에 대한 고민이 있어야 한다. 특히 공적 교육기관에서 말하기 실력을 향상시킬 수 있는 방법에 대한 비중을 높일 필요가 있다.

삼기(三技): 이미지로 통하기

그림도 중요한 커뮤니케이션의 방법이었다

인간의 역사는 기록의 역사라고 해도 무방할 정도로 인간은 끊임 없이 기록을 만들어 왔다. 다만 기록을 남길 수 있는 가장 효과적인 미디어였던 문자가 등장하기까지 상당히 오랜 시간이 걸렸고, 말을 기록으로 남기는 기술 역시 현대나 되어서야 보급이 되었기 때문에 언어적 방법이 아닌 이미지를 통해 소통하는 방법이 상당히 오랜 시간 사용되어 왔다.

[QR35] 알타미라 동굴벽화

인류 역사 초기에는 주로 도구를 통해 잘 지워지지 않을만한 곳에다가 자신의 생각과 상황을 그리는 경우가 많았다.[QR35] 대표적인 예가 바위에 그림을 남기는 암각화다. 다음 사진은 울산에서 발견된 반구대 암각화의 모습이다. 이 암각화는 선사시대부터 만들어지기 시작하여 상당히 오랜 시간에 걸쳐 그림이 추가된 것으로 보고 있다. 반반하고 매끈거리는 병풍 같은 바위 면에 고래·개·늑대·호랑이·

QR35 [NAVER 지식백과] 알타미라 동굴과 스페인 북부의 구석기 시대 동굴 예술

사슴·멧돼지·곰·토끼·여우·거북·물고기·사람 등의 형상과 고래잡이 모습, 배와 어부의 모습, 사냥하는 광경 등이 표현되어 있다. 이는 당시의 일상적 모습을 표현함과 동시에 동물들이 많이 번식하고 그로 인해 사냥거리가 많게 되기를 기원하며 만든 것으로 알려져 있다. 문자가 없던 시절 사람들은 이렇게 그림을 통해 당시의 상황들을 묘사함은 물론 다른 사람들과의 소통의 방법으로 이용했다. 현재 우리나라뿐만 아니라 전 세계 곳곳에 이런 암각화들이 남겨져 있으며, 이를 통해 당시의 사회상과 생활상, 그리고 문화적 상황에 대해 파악할 수 있다.

〈울산 반구대 암각화〉

출처: http://commons.wikimedia.org/wiki/File:Bangudae3.jpg

이처럼 글이 없던 시절, 사람들은 원하는 메시지를 전달하기 위해 그림을 그렸다. 그림을 통해 기록을 남기고, 세대를 넘겨가며 소통했다. 하지만 그림은 정확한 커뮤니케이션이 가능한 미디어는 아니었다. 당시 상황에 대한 나름대로의 묘사를 담아내기 때문에 시각적 이미지들을 전달하는 데 효과적일 수 있지만 의미를 세분화하여 논리적으로 전달하기 어려웠다. 아무리 그림을 잘 그리는 사람이라고 할지라도 몇 장의 그림으로 분명하게 의미를 전달한다는 것은 쉬운 일이 아니다. 이를 보완하기 위해 약속된 기호, 즉 문자의 등장은 필연적이었는지 모른다.

문자가 가진 커뮤니케이션의 약점을 이미지가 보완할 수 있다

문자는 말로 하는 커뮤니케이션은 물론 그림으로는 하기 어려웠던 커뮤니케이션의 빈 공간을 효과적으로 채워줬다. 특히 문자화된 정보는 저장 및 이동이 수월하기 때문에 지식의 유통수단으로서 그 가치는 매우 컸다. 그러다 보니 상대적으로 말하는 것에 대한 가치는 떨어졌고, 그림을 그리는 능력은 부차적 수단으로 여겨지게 되었다. 그림을 그린다는 것은 하나의 예술이나 여가의 수단일 뿐 커뮤니케이션으로서 그림은 거의 역할을 상실했다고 해도 무방할 정도다. 그러나 디지털 미디어 시대가 되면서 새로운 국면을 맞게 된다. 그림 혹은 이미지가 커뮤니케이션의 중요한 수단으로 다시 부각되는 것이다.

말로 커뮤니케이션을 잘 하려면 말솜씨가 있어야 하고, 글로 커뮤니케이션을 잘 하려면 글솜씨가 있어야 하듯 이미지로 원활하게 커뮤니케이션을 하기 위해서는 그림을 그리는 솜씨가 좋아야 한다. 말은 부모 밑에서 자라면 자연스럽게 배우게 되는 기술이고, 글 쓰는 법은 학교를 통해 어려서부터 꾸준히 배우고 사용하게 되는데, 그림이라는 것은 체계적인 교육을 지속적으로 받는 경우가 많지 않다. 따라서 그림으로 소통이 가능할 만큼 그리기에 능한 사람이 적었기에 그림을 통한 커뮤니케이션은 한정적이었던 것이다. 그러나 카메라라는 획기적인 미디어가 등장하면서 상황은 다소 달라진다.

카메라만 있으면 이미지 만들기는 일도 아니다

카메라는 실제 존재하는 상황이나 현장의 모습을 있는 그대로 재현해주는 강력한 미디어다. 인간의 눈에 비해 기능과 역할이 부족하긴 하지만 커뮤니케이션을 하기에는 그림보다 재현력이 좋기 때문에 가치가 있다. 또한 이미지를 생산하는 방법이 그림에 비해 아주 쉽다. 그림 한 장을 그리기 위해서는 많은 시간과 노력, 또한 전문적인 교육이 수반되어야 하지만 사진은 셔터 한 번만 누르면 이미지를 만들어낼 수 있다. 물론 카메라 역시 좋은 이미지를 얻기 위해서는 전문적인 교육이 필요하다. 필름을 사용하는 아날로그 카메라의 경우 차후 필름에 어떤 형태로 이미지가 맺힐지 모르기 때문에 조리개, 감도 등 다양한 기술적 지식과 현장 상황을 고려할 수 있는 지식이 있어야만 한다. 또한 사진을 찍은 이후 바로 이미지를 확인할 수 있는 것이 아니라 현상과 인화라는 시간과 노력이 필요했다. 그림을 그리는 것보다 낫긴 하지만 이미지를 얻기 위해 넘어야 할 나름의 진입장벽을 갖고 있던 것이다.

그러나 이러한 장벽마저 디지털 기술의 수혜를 입은 디지털 카메라의 등장으로 더 낮아져 버렸다. 디지털 카메라는 사진을 찍는 상황과 환경적 요인을 자동으로 계산하여 최적의 이미지를 얻을 수 있도록 만들어주며, 찍은 사진을 즉시 확인할 수도 있다. 필름을 사용하지 않기 때문에 사진을 찍는 데 소요되는 비용이 0에 가깝다. 따라서 이미지가 잘 나왔는지 찍은 즉시 확인한 후, 마음에 들지 않으면 다시 찍으면 되는 구조. 즉, 한 번에 사진을 잘 찍지 못한다고 할지라도 보완할 수 있는 방법이 존재한다. 포토샵과 같은 다양한 보정 툴을 거치면 부족했던 사진이라도 마치 전문가가 찍은 것처럼 멋지게 재탄생할 수도 있는 것이다.

이미지는 쉽고 직관적이며, 논리적인 커뮤니케이션을 돕는다

사실 이미지로 커뮤니케이션 할 수 있다면 이것처럼 쉽고 간단한 것이 또 없다. 복잡한 논리가 들어갔거나 많은 지적 활동을 유발해야만 하는 내용이라면 문자가 당연히 더 좋은 역할을 할 수 있다. 그러나 간단하고 단순한 이야기들을 나누는 것이라면 이미지는 문자나 말보다도 괜찮은 선택이다. 현장감은 높으면서, 짧고 강력한 임팩트를 줄 수 있기 때문이다. 퓰리처상을 받는 사진들을 보다 보면 한 장의 사진이 가질 수 있는 영향력이 얼마나 큰 것인지 새삼 인식할 수 있다. 미니홈피 이후 사용자들이 선호하는 미디어의 형태 및 내용이 일상사를 다루는 소소한 것들이다 보니 자연스럽게 이미지 커뮤니케이션의 비중과 영향력도 커져 갔다.

그렇다고 해서 이미지가 단조로운 커뮤니케이션에만 적합한 것은 아니다. 논리적이고 탄탄한 이야기를 말이나 글로 전개하기 위해서도 이미지의 활용은 매우 중요하다. 고도의 집중력을 갖고 두뇌활동을 해야만 이해하고 알아들을 수 있는 내용 중간에 중요한 부분을 강조하기 위해 이미지를 사용하는 것은 매우 좋은 커뮤니케이션 방법이다. 따라서 이미지를 말이나 글을 통한 커뮤니케이션의 중요한 일부로 활용할 수 있으며, 적절하게 활용된 이미지는 말이나 글의 격을 한 단계 더 높여준다. 실례로 최근 인포그래픽이나 비주얼 씽킹Visual Thinking에 대한 논의가 활발하게 이루어지고 있다. 다음 그림은 2012년 서울시가 예산안 발표를 하면서 사용한 인포그래픽 이미지이다. 이 이미지는 당시 큰 화제가 되었으며, 커뮤니케이션에 이미지를 사용하는 것이 얼마나 큰 힘이 있는지를 많은 사람에게 각인시키는 계기가 되었다. 이처럼 이미지는 커뮤니케이션 방법으로서 그 가치가 충분히 인정받아야 한다.

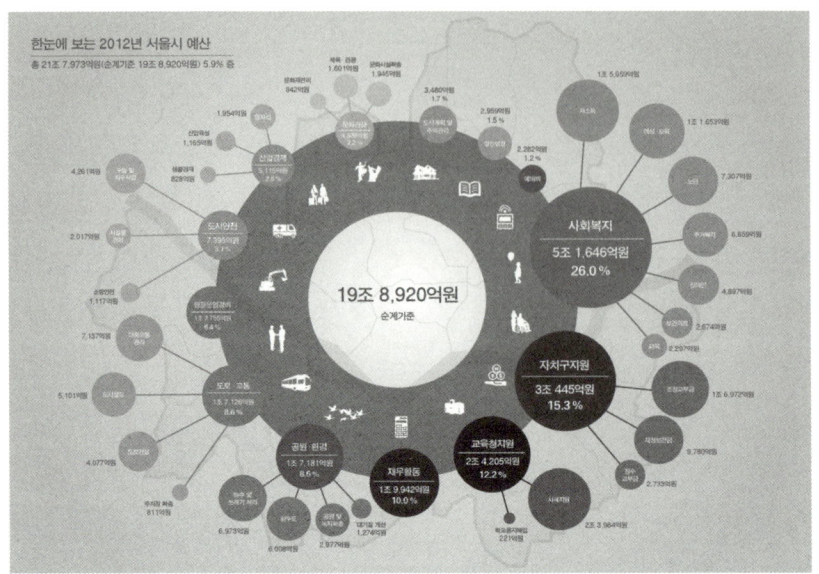

〈한눈에 보는 2012년 서울시 예산〉

출처: http://www.seoul.go.kr

이미지를 잘 활용할 수 있는 능력을 학습해야 한다

이러한 변화는 인재 혹은 학습 능력에 대한 새로운 시각을 요구한다. 사실 문자가 전성기를 구가하던 시절에는 학습이란 곧 말이나 글, 특히 글을 활용하여 무엇인가를 배우는 것을 의미했다. 따라서 언어적 능력이 떨어진다면 제대로 학습을 할 수가 없었다. 머리가 나쁘기 때문이 아니라 언어 능력이 부족했기 때문일 수 있는데, 이런 학습자들에 대한 배려는 없었다. 오히려 난독증, 학습부진, 학습장애 등 무시무시한 이름으로 부르는 경우가 많았다. 정상이 아닌 환자 취급을 했던 것이다. 하지만 이제 이러한 관점은 편협한 것이며, 시대가 원하는 '학습'이란 기준에 부합한다고도 볼 수 없게 되었다. 이전에는 교육 체계가 막대한 양의 정보를 어떻게 주고 받는가에만 집착했기 때문에 대부분의 정보가 유통되는 형태인 언어적 영역에 치중했던 것이 사실이다. 자연스럽게 언어적 사고가 중요한 능력으로 여겨졌고 인간을 그러한 틀 안에서만 보고자 했다. 만약 그 틀 안에 들어오지 못하면 배척하거나 배제해버린 것이다. 하지만 이제 그래서는 안 된다. 상황이 달라졌다.

일단 학습이 추구하는 성과물이 변했다. 얼만큼 많이 외우고 있느냐를 테스트하던 시절은 점점 지나가고 있다. 정보를 얼만큼 알고 있는가보다 얼마나 빠르게 접근할 수 있는가, 주어진 정보를 단편적이기보다는 통합적으로 구성할 수 있는가, 더 나아가 그 정보들을 바탕으로 창의적인 결과물을 만들어낼 수 있는가가 더 중요해진 시대다. 그런데 이러한 능력은 시각적 사고를 통해 얻을 수 있는 경우가 많다.

시각적 사고에 주목하자

미술과 심리학, 시각적 사고 등에 관한 연구로 유명한 독일 출신 하버드대학교 교수인 루돌프 아른하임 Rudolf Arnheim 은 시각적 사고의 주요 특징으로 다음과 같은 네 가지를 제시했다. 첫째로 능동적이고 지능적이라는 것이다. 시각적 사고는 외부세계에 대한 정보를 수동적이고 수용적으로 받아들이는 과정이 아니라 적극적이고 능동적이며 지능적인 작용이라고 할 수 있다. 둘째로 동시적이고 통합적이라는 것이다. 시각적 사고는 전체적인 관점에서 동시적이고 통합적으로 작용하는 요소들 간의 역동적인 인지과정을 처리하게 된다. 셋째로 추상적이라는 것이다. 시각을 통해 지각하고자 하는 대상의 물리적 속성인 형태, 색상, 위치 이외에 대상이 지니고 있는 구조적 특성을 파악할 수 있다. 넷째로 직접 경험하는 것이라고 할 수 있다. 언어적 사고에 활용되는 언어라는 것은 안정화되어 있고 표준화된 특성을 지니고 있기 때문에 논리적인 추론을 가능하게 한다. 그러나 이는 정해진 논리적 구조에 따라 기계적인 사고를 하도록 하기 때문에 사고의 유연성을 떨어뜨린다고 한다.

 이러한 시각적 사고의 특징에서 볼 수 있듯이 최근 학습에서 강조되고 있는 것들의 상당 부분이 시각적 사고 능력과 연관성을 갖고 있다. 따라서 언어적 사고가 다소 부족하다고 할지라도 시각적 사고를 통해 언어적 사고로는 할 수 없는 결과물들을 만들어 낼 수 있는 가능성은 충분히 높다. 따라서 굳이 언어적 능력에만 초점을 맞추고 그 기준에 따라오지 못하는 사람들을 비정상 취급할 것이 아니라 오히려 만들어진 '정상'의 범주를 벗어나 다양성을 인정해주고, 그 안에서 새로운 천재적 재능들이 발현될 수 있게끔 도와줄 수 있는 지지기반이 갖추어져야 한다. 이처럼 시각적 이미지를 활용한 커뮤니케이션은 매우 중요하며, 앞으로 그 가치는 점점 더 높아지게 될 것이다.

사기(四技): 이야기로 만들기

짧은 호흡의 글쓰기가 환영받는다

인터넷 서비스들은 다른 미디어에 비해 메시지를 읽거나 작성하는 호흡이 짧으며 이러한 경향은 시간이 지나면서 더욱 가속화되고 있다. 메시지를 작성하는 경우 장문으로 한 편의 완성된 논리를 구성한다기보다는 짧게 짧게 끊어서, 자주 메시지를 만드는 형태가 선호되고 있다. 메시지를 읽는 경우도 호흡이 짧다. 읽기에서의 호흡의 길이가 짧아진 데에는 하이퍼링크라는 구조의 영향이 컸다. 사용자들은 하이퍼링크로 연결된 문서들을 넘나들며 자신에게 필요한 정보가 있는지 없는지 빠르게 훑어본다. 각각의 것을 완전히 다 읽고 이해하는 것이 중요하다기보다는 이 정보가 자신에게 중요하고 필요한 것인지 판단하는 것이 우선시된다. 따라서 정독해서 읽기보다는 속독으로 읽어 내려가는 능력이 점점 더 필요해지고 있다. 즉, 문자 중심의 시대에 중요했던 능력들이 뒤로 밀려나고 말 중심의 구술 시대에 필요했을 능력들이 다시 전면으로 나오기 시작하는 것이다.

이러한 구조 속에서는 장문의 메시지, 혹은 그러한 메시지를 작성하는 사람은 환영받지 못한다. 사용자들이 단문형태의 콘텐츠를 좋아한다는 것은 인터넷 서핑을 하다 보면 종종 만나게 되는 '스압'이란 용어를 통해서도 알 수 있다.

스압이란 '스크롤의 압박'이란 말의 줄인 표현으로 콘텐츠의 길이가 매우 길 수 있음을 암시하는 말이다. 인터넷 서비스의 게시물은 보통 위에서 아래로 내려가며 읽게 되어 있다. 따라서 게시물의 양이 많을 경우 페이지 아래로 내려가기 위해 우측에 있는 스크롤바를 잡아 당겨야 한다. 페이지에 담긴 정보의 양이 많으면 많을수록 스크롤바의 크기는 작아지며, 내리기도 힘들어진다. 때문에 마우스 가운데 스크롤휠이라는 것이 달려 있어 휠을 굴려서 내리기도 한다. 그런데 이렇게 페이지 안에 정보의 양이 많을 경우 읽기가 어려워지며, 심지어 게시물의 내용 중 어떤 것이 높은 성능 지원을 필요로 할 경우 해당 페이지나 컴퓨터가 다운되는 현상까지 발생할 수 있다. 따라서 사용자들은 이런 내용이 많은 페이지를 선호하지 않는다. 따라서 콘텐츠의 제작자는 읽는 사람들에게 하나의 예의로 '스압주의'라는 안내 혹은 경고성 메시지를 제시하는 것이다.

그런데 '스압주의'란 경고가 있다고 해서 그 게시물의 양이 책만큼 많지도 않다. 아무리 길어봐야 종이로 된 책의 페이지를 기준으로 10페이지를 넘는 것을 찾기 어렵다. 책으로 10페이지, 결코 많다고 할 수 없는 분량이지만 인터넷에서는 이야기가 달라진다. 사용자는 마치 백과사전을 보는 듯한 느낌으로 그 콘텐츠를 읽게 될 것이다. 어쩌면 얼핏 봐도 엄청나 보이는 양에 질려 다른 것을 찾아 나설지도 모른다. 따라서 인터넷에서 유통되는 콘텐츠를 제작할 경우 가능한 한 압축적이고 짧게 내용을 구성해야 한다.

이러한 배경 아래 한두 문장의 짧은 글로 사람들을 자극하는 인터넷 문인(文人)들이 등장하기도 한다. 한 인터넷 시인은 문장으로 완결되지 않은 경우도 많은 짧은 문구들로 시처럼 보이지 않는 시를 썼는데, 많은 사람들의 공감을 얻어 유명세를 타기도 했다. 짧다고 해서 정보를 담지 못하거나, 감정을 전달하지 못하는 것도 아니다. 다만 이렇게 짧게 작성된 메시지는 누구나 만들 수 있고, 읽기에도 부담감이 없지만 짧기에 갖고 있는 한계점을 인식하고 이를 보완할 수 있는 방법을 고민해야만 한다.

가로 넘김은 짧은 호흡을 지지하는 새로운 형태의 UI다

기능적 측면에서 짧지 않은 내용을 짤막해 보이게 전달할 수 있는 새로운 제시 방법이 가로 넘김형 구성이다. 이 기능은 모바일 기기에서 사용자들의 읽기 편의성을 높이기 위해 만들어진 UI인데, 단문형 제시 형태의 부족한 부분을 보완할 수 있는 하나의 방법으로서도 의미가 있다. 가로 넘김형 혹은 카드 넘김 형태라고도 불리는 콘텐츠 작성법은 장문으로 작성되어야 할 메시지를 읽기 좋도록 짧게 분절하여 전체의 메시지를 이해하기 쉽게 정리해준다. 스크롤을 한참 내려야 할지도 모를 긴 내용이라고 할지라도 가로 넘김형 메시지 작성법을 통해 작성하게 되면 사용자가 한 번에 처리해야 하는 정보의 양은 줄여주면서, 다소 긴 이야기를 펼칠 수 있다. 이러한 가로 넘김 형태로 콘텐츠를 작성하다 보면 알 수 있지만 일방적으로 쭉 길게 내려 쓰는 방법과는 분명 다르다. 어느 정도를 한 페이지로 규정할 것인지^{Chunk} 나름대로의 기준이 필요하다. 즉, 읽기를 고려한 내용 작성 기술이 분명 요구된다.

스토리텔링이 중요하다

이처럼 가로 넘김 형태로 콘텐츠를 작성하든지, 아니면 그냥 짧은 형태로 여러 개를 작성하든지 커뮤니케이션 하고자 하는 내용을 효과적으로 전달하기 위해서는 스토리텔링 Story Telling 능력이 필요하다. 스토리텔링이란 일단 말 그대로 이야기를 들려주는 것 혹은 말을 통해 무언가를 이야기하는 것을 의미한다. 스토리텔링에 관한 가장 비근한 예는 아마도 '할머니가 들려주시는 옛날 이야기'일 것이다.

동화책이란 것이 흔하지 않던 그 시절, 할머니들은 할머니의 할머니 때부터 들었던 이야기들을 머릿속에 외우고 있다가 손자, 손녀들을 무릎에 앉혀놓고 구성진 목소리로 전해주셨다. 할머니의 이야기 속에서는 호랑이도 바로 옆에 있는 것처럼 살아 숨쉬고, 콩쥐의 안타까운 사연도 잘 아는 친구의 이야기인 것처럼 변한다. 단순히 내용을 읊어주는 수준이 아니라 듣는 사람을 빨아들이는 무언가를 더한다. 더 재미있는 사실은 이야기마다 약간의 변형이 발생하기도 한다는 것이다. 서로 다른 이야기들이 비슷한 흐름을 갖는 경우도 있고, 같은 이야기이지만 중간중간 약간의 변형들이 발생하기도 한다. 이러한 모습이 스토리텔링의 특징이라고 할 수 있다.

할머니의 옛날 이야기 시절에는 말 외에는 딱히 활용하기 쉬운 미디어가 없었다. 하지만 현대 미디어 환경은 그렇지 않다. 말 이외에도 말처럼 활용할 수 있는 여러 가지 미디어를 통해 스토리텔링을 구사할 수 있다. 짧은 형태의 글, 직접 찍은 사진, 유튜브에 돌아다니는 영상을 비롯해 디지털로 만들어진 모든 미디어를 스토리텔링의 도구로 활용할 수 있다. 다양한 미디어를 통해 스토리텔링을 할 수 있지만 스토리텔링의 방법에는 잊어서는 안 될 중요한 축이 한 가지 있다. 그것은 바로 '말하는 것Telling이라는 것이다. 스토리텔링은 말하기이지 쓰기Writing가 아니다. 따라서 스토리텔링을 통해 콘텐츠를 만드는 작업은 말하기의 문법, 즉 구술성에 기반한 구조를 갖고 있어야 한다. 그것이 스토리텔링으로서 제 역할대로 영향력을 발휘할 수 있는 것이다.

문자를 기반으로 하여 읽거나 쓰는 것이 아니라 말의 방법으로 무엇인가를 표현한다는 것은 우선 암기를 필요로 한다. 수월하게 외울 수 있으려면 내용이 간결하고 적절한 길이를 갖고 있든지, 아니면 기억이 잘 될 수 있도록 어떤 요인들이 포함되어 있어야 한다. 주어와 술어가 여러 번 반복되는 중문이나 복문이기보다는 단문으로 구성하며, 운율을 포함시켜 어떤 흐름을 타고 말할 수 있도록 구성하는 것이다. 이런 식으로 내용을 구성하면 중간에 어떤 오류가 있더라도 전체의 내용이 흔들리지 않으며, 말을 하면서 부족한 부분이 있을 때에 첨가적으로 더하면서 이야기를 완성해 나갈 수 있다.

스토리텔링은 찰흙놀이다

이러한 특성들을 종합해 볼 때, 스토리텔링은 정보의 조각들을 모아 완성된 결과물을 만든다는 의미에서 찰흙놀이와 비슷하다. 얼핏 생각하기에 블록놀이에 더 가깝지 않느냐고 생각할지 모르겠지만 블록놀이는 이미 모양이 결정되어 있는 여러 가지 종류의 블록들을 통해 정해진 결합 구조에 따라 물리적으로 조립된다는 점에서 스토리텔링과는 상반된 이미지를 갖고 있다. 찰흙놀이는 전체를 이루는 조각들이 만드는 사람의 손길에 따라 각기 다른 모양으로 빚어질 수 있고, 각각의 모양들을 하나로 붙이기 위해 정해진 홈이나 구멍을 활용하는 것이 아니라 점토가 가진 점성을 활용한다는 점에서 스토리텔링의 내용 구성방식과 더 유사하다고 할 수 있다. 즉, 스토리텔링은 물리적 결합 중심이라기보다는 화학적 결합이 우선되는 콘텐츠 제작 방식이다. 찰흙놀이처럼 만드는 사람의 생각, 특징, 그리고 맥락에 따라 동일한 물건을 만든다고 하더라도 천차만별의 결과를 이끌어낼 수 있는 것이 스토리텔링이다. 따라서 스토리텔링에서 중요한 것은 특정한 이야기를 한 글자의 틀림도 없이 정확하게 완성하는 데 의의가 있는 것이 아니라 콘텐츠를 만드는 사람의 관점과 맥락에 따라 구성되는 다양한 관점에 초점을 맞추어야 한다. 그렇다면 인터넷 서비스들을 활용한 스토리텔링을 잘 하기 위해서는 어떤 부분을 고려해야 할까?

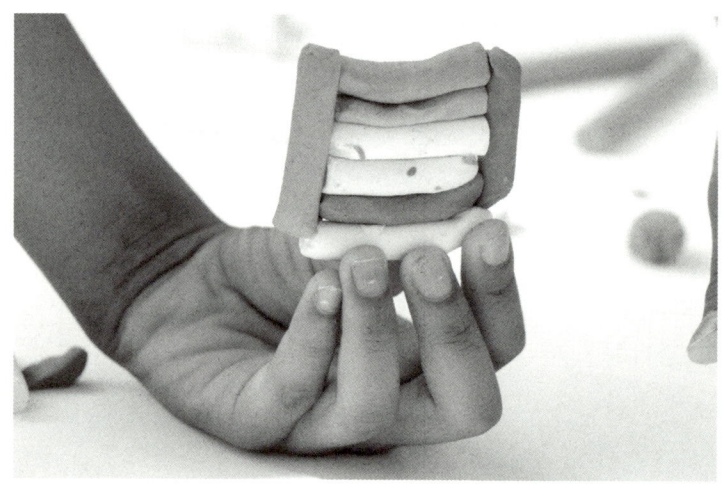

〈찰흙놀이〉

첫째로, 내가 만든 콘텐츠를 접하고 나면 사용자는 자기 나름대로의 기억이나 재현이 쉬워야 한다. 문자로만 작성된 장문의 글을 인터넷에 올려놓아서는 사용자들이 읽지 않을 뿐 아니라 설령 읽더라도 그것을 제대로 기억하거나 재현하기 어려울 것이다. 사진이나 그림, 음악, 동영상 등 다양한 도구들을 활용하여 사용자가 큰 어려움 없이 대상을 이해할 수 있도록 해야 한다.

둘째로, 콘텐츠 안에 제작자로서의 '나'라는 존재를 잘 녹일 수 있어야 한다. 인터넷을 서핑하다 보면 객관적이란 미명하에 수많은 파편화된 정보들을 만나게 된다. 이러한 정보들은 감정이나 상황, 맥락 등 모든 것이 배제된 채 그 자체가 의미가 있는 것처럼 도도히 자리 잡고 있다. 실제로 인터넷을 통해 정보를 찾는 사람들의 많은 수가 이러한 탈맥락적 정보를 찾는 경우가 허다하다. 하지만 이런 정보는 그것을 찾는 사람에게 어떠한 감동이나 통찰력을 주기란 쉽지 않다. 이미 곳곳에 뿌려진 수많은 정보들, 굳이 나의 콘텐츠가 아니라고 하더라도 다른 방법을 통해 그 정보는 다시 얻을 수 있을 가능성이 높다. 이 정보를 왜 선택하게 되었는지 설명하지 못하면 굳이 그 자리에 정보를 옮겨놓을 필요가 없다. 콘텐츠에 표현된 정보나 사건, 이야기들을 왜 선택하였는지 '나'의 관점과 맥락을 통해 표현할 때 그 콘텐츠를 찾은 사용자들은 감동을 받고 영감을 얻을 수 있다. 동일한 정보를 근거로 한다고 할지라도 나의 경험, 나의 시각 등이 그 안에 잘 녹아 있을 때, 그 정보는 콘텐츠로서 새로운 힘을 얻게 되고 새로운 가치를 인정받을 수 있게 되는 것이다.

셋째로, 궁금증을 불러일으킬 수 있는, 대화가 촉발될 수 있을만한 요인들을 적절하게 배치할 수 있어야 한다. 사용자가 콘텐츠를 어떤 경로로 접하게 되었을 때, 그것을 좀 더 깊이 있게 살펴보도록 만들려면 관심을 끌 수 있을만한 무엇인가가 있어야 한다. 바로 지금 밖에서 이슈가 되는 일들과 관계가 있거나 입장이 양쪽으로 나뉘어 논쟁이 벌어지고 있는 사안들을 다루는 것이 필요하다. 이러한 사안에 대한 의견을 제시하면서 자신의 상황과 맥락에 효과적으로 녹여야 하며, 극단적인 입장이나 표현을 사용하기 보다는 탄력적이거나 중립적 표현을 첨가하여 유연성 있는 메시지 구성을 하는 편이 좋다.

넷째로, 스토리텔링의 출발과 진행 과정에서 청중에 대한 충분한 동의가 구해져야 한다. 스토리텔링은 주관적 견해가 들어갈 수 있는 이야기 방법이다. 따라서 이야기를 끌어가는 흐름 속에서 누군가의 생각과는 다른 부분들이 등장할 수 있다. 또한 스토리텔링이라는 방법에 익숙하지 않은 사용자들이 있을 수 있다. 이런 대상들에게 스토리텔링이란 실없는 소리를 한다는 손가락질을 받거나 덮어놓고 반발감을 표시하는 부정적 반응을 유발할 수 있다. 따라서 무엇보다 스토리의 전개 과정에서 사용자들이 안정감과 편안함을 느낄 수 있어야 하며, 누군가를 놀라게 하고 자극을 한다기보다는 품어줄 수 있는 스토리이야 한다. 따라서 우선 상황을 설정할 때 지나친 비약이나 납득하기 어려운 요소들이 들어가는 일은 가급적 배제해야 하며, 콘텐츠의 앞 부분에 상황에 대한 충분한 설명을 제시하고, 암묵적으로 동의를 얻어야 한다.

오기(五技):
선하게 선별하기

정보가 흔해지고, 구하기도 쉬워졌다

　인터넷의 등장으로 가장 크게 변한 것은 정보를 구하기가 쉬워졌다는 것을 꼽을 수 있다. 인터넷이 보편화되기 이전에는 정보를 구하려면 상당한 노력이 필요했다. 일단 문자로 된 정보 외에는 찾기가 어려웠다. 영상으로 만들어진 자료는 찾는다는 것이 사실상 불가능했고, 방송국에서 만들어진 영상의 경우 고가의 돈을 지불해야만 했다. 이런저런 방법을 동원하여 어떻게 영상을 구한다고 해도 필요한 만큼 일부만 편집한다는 것은 대단히 어려운 일이었다. 사진이나 그림과 같은 형태의 자료들도 책 속에서만 볼 수 있을 뿐 어떠한 가공을 더한다는 것은 쉽지 않았다. 또 다른 문제는 정보를 구하려면 많은 곳을 움직여야 했다는 것이다. 책을 찾으려면 도서관에 가서 서가를 뒤져야 했고, 혹시라도 이미 다른 누군가가 빌렸거나 해당 도서관에 그 책이 없다면 소득 없이 돌아 나와야 했다. 책이 아니라 논문을 찾는다면 국회도서관과 같은 특별한 곳까지 가야 할 수도 있었다. 유학의 장점이 유학 시절 보았던 책들, 국내에서는 구하기 힘든 자료들을 가져올 수 있기 때문이란 말도 있을 정도였다. 문서로 만들어진 것 외에 영상이나 사진 등은 발품(?)을 판다고 해도 구할 수 없는 경우가 대부분이었다. 하지만 요즘은 어떤가? 컴퓨터 앞에 앉아, 아니 손 안에 들어 있는 스마트폰만으로 글, 그림, 이미지, 영상 등 거의 모든 형태로 만들어진 정보들을 간편하게 구할 수 있다. 그나마 인터넷으로 얻기 힘들었던 책의 경우에도 여러 포털 업체들이 나서서 스캔한 이미지를 확보하고 있다. 이처럼 인터넷은 정보를 구하는 방법과 관련된 모든 것을 한순간에 바꾸어 놓았다.

인터넷이 정보를 구하기 쉽게만 만든 것도 아니었다. 정보화될 수 있는 성격의 정보 역시 대량으로 만들어 내었다. 앞에서도 언급한 적이 있었지만 많은 사람들을 정보의 생산자로 끌어들였으며, 위치정보와 같은 사소한 정보도 정보가 될 수 있는 상황이 되었다. 즉, 인터넷으로 인해 정보를 찾기도 쉬워졌고 정보의 양 자체도 폭발적으로 증가하게 된 것이다. 그런데 정보의 양이 증가했고, 접근하기도 쉬워졌다는 사실은 마냥 행복해할 만한 일은 아니다. 쌓여있는 정보 속에 파묻혀 헤매는 경우가 생길 수 있기 때문이다. 정보가 정보를 가려 원하는 정보를 찾기 어려워질 수도 있으며, 저질의 정보가 양질의 정보를 덮어 제대로 된 정보에 접근할 수 없게 될 수도 있다.

지식검색서비스가 사용자 참여형 정보의 열매가 되다

이러한 상황을 보여주는 가까운 예가 지식검색 서비스이다. 지식검색은 사용자들이 궁금해하는 질문을 등록하면, 다른 사용자들이 그 질문을 보고 답변을 달아주는 서비스 모형이다. 사실 사용자가 검색을 한다는 것은 찾고 싶은 무언가가 있다는 것인데, 기존의 검색서비스로 일상적인 질문에 대한 딱 맞는 내용을 찾기란 쉽지 않았던 점에 착안한 것이다. 예를 들면 "여자친구랑 이번 주에 홍대에서 만나기로 했는데, 뭘 먹으면 좋을까요?"와 같은 의문 대해 당시로써는 지식검색보다 더 좋은 해답을 줄 수 있는 방법은 없었다. 질문을 올리게 되면 나름 홍대 좀 다녀봤다고 하는 지역전문가(?)들의 온갖 의견들이 올라오고, 그 내용들 중 자신의 마음에 드는 것을 하나 골라 선택하면 되는 것이었다. 지식검색은 서비스 출시 후 폭발적인 인기를 누리며 많은 사용자들의 보편적인 검색방법으로 자리 잡았다. 지식검색을 가장 잘 안착시킨 포털이었던 네이버가 포털 랭킹의 수위 자리로 치고 올라갈 수 있었음은 물론이다. 지식검색 서비스의 강력한 힘을 간접 경험한 다른 포털들도 지식검색과 유사한 서비스들을 잇달아 출시하지만 고배를 마시고 만다. 왜냐하면 이미 수많은 사람들이 답을 달아놓아 양적인 면에서 풍부한 콘텐츠를 갖고 있던 선두주자의 벽은 넘기 어려울 만큼 높았기 때문이다. 다른 한편으로는 2등은 생존이 어려운 포털산업 구조를 그대로 보여주는 한 단면이기도 했다.

그러나 이러한 사용자 참여형 검색 서비스도 난관에 봉착한다. 검색 결과에 대한 질적인 이슈가 제기된 것이다. 평범한 수많은 사람들이 답변해놓은 글 속에서 정보의 오염이 발생했다. 소위 '초딩'이라 불리는 사용자들이 별 생각 없이 막무가내로 게시물을 작성하게 되면서 엉뚱한 내용들이 도배되기 시작한 것이다. 게다가 광고성 게시물에 음란 메시지까지 지식검색은 몸살을 앓고 있다. 많은 사람들의 머리를 빌리는 검색의 방식이 오늘의 지식검색을 있게 했지만 그것에 의한 역풍이 인 것이다. 사실 전문가만이 답하지 않는 이상 이런 상황은 예견 가능한 내용이었다. 최근에는 의학, 법률 관련 정보 등 부정확한 정보가 문제를 일으킬 수 있는 영역을 중심으로 전문적으로 답변을 올리는 전문가 제도가 도입되긴 했지만 수많은 질문들을 소수의 전문가가 소화하기란 불가능에 가깝다. 이런 상황 속에서 지식검색을 통해 제대로 된 정보를 얻는다는 것은 포털 업체의 노력이 아니라 개인의 능력에 달려 있다고 봐야 한다. 정보를 제대로 판별하고 선별할 수 있는 힘이 필요해졌다. 이러한 문제는 비단 지식검색에 한정되는 것이 아니다. 일반적인 검색서비스에도 그대로 적용된다. 엄청나게 늘어난 정보량, 정보의 생산자들이 많아지면서 검색의 질이라는 것은 서비스하는 업체의 역량에 달려있다고 보기 어렵다. 따라서 사용자들의 능력 향상에 초점을 맞춰야 한다. 이때 필요한 능력이 큐레이션이다.

큐레이션을 박물관 밖으로 꺼내라

본래 큐레이션은 박물관이나 갤러리에서 새로운 작품을 발굴하고, 소개하며 전시하는 사람을 지칭하는 큐레이터Curator로부터 나온 용어다. 큐레이션은 라틴어 'Cura'라는 단어에서 기원되었는데, 이는 '보살피다', '치유하다'라는 뜻을 가진 단어였다. 이것을 영어로 번역하는 과정에서 '관리하다', '감독하다'라는 의미로 변하게 되었으며, 현재는 '미술 작품이나 예술품을 수집 및 관리하는 행위'라는 의미로 사용되고 있다. 이러한 현대적 의미의 큐레이션이란 용어의 이면에는 수많은 예술 작품들 사이에서 큐레이터의 관점에 따라 특정 작품들을 선정하고 소개함으로써 그 작품에 가치를 부여한다는 의미를 내포하고 있다. 이 때문에 정보의 양이 급격하게 증가한 현대 사회에서 수많은 정보들 사이에서 각자 자신에게 맞는 정보, 필요한 정보를 선별하고 정리하는 활동을 지칭하는 용어로 큐레이션이란 단어가 사용되게 되었다. 즉, 이제 큐레이션은 인간이 수집, 구성하는 대상에 사람의 질적인 판단을 추가해서 가치를 높이는 활동이라는 의미로 정착되게 된다. 주로 이미 존재하고 있는 막대한 정보를 분류하고 유용한 정보를 골라내어 수집해 다른 사람에게 배포하는 행위 등을 가리키며, 디지털 자산 등을 유지 보존한다는 의미로 사용되기도 한다. 즉, 다양한 정보들 사이에서 적절한 정보를 찾아내고, 그것에 가치와 의미를 부여함으로써 새로운 창조적 작업을 하는 것을 큐레이션이라 할 수 있는 것이다.

하늘 아래 새 것이 없다는 말은 오래 전부터 있어왔지만, 특히 이러한 정보 과잉의 상태에서 기존의 정보들을 이용한 재창조는 그 가치에 대한 새로운 시각을 필요로 한다. 사실 큐레이션은 그 방법이나 기법에 따라 남의 아이디어나 저작물을 도용하는 표절이란 시각 역시 적지 않다. 큐레이션 스타일의 각종 콘텐츠들이 인기를 끌기 시작하면서 이러한 시각들 역시 더 부각되었다. 마치 남이 만들어 놓은 것에 숟가락만 얹어 돈을 벌려고 한다는 인식에서다. 그러나 큐레이션에 대한 이런 시각은 재고가 필요하다. 저작권이 맘대로 침해되어도 좋다는 말이 아니다. 시스템이 제대로 잡히지 않은 상황에서 무턱대고 큐레이션을 폄하하는 일이 없어야 한다는 것이다. 세상 어느 것도 처음부터 존재한 것은 없다. 아무짝에도 쓸모 없는 물건이었을지라도 누군가의 손에 의해 새롭게 만들어진다면 그것은 창작물이다. 즉 정보, 특히 공유 및 확산이 용이한 디지털화된 정보들에서 누군가가 다른 용도로 사용한 자료라 하더라도, 또 다른 시각에 따라 그것이 새로운 생명을 찾게 된다면 절대 의미 없고 가치가 떨어지는 것이라고 할 수 없다. 너무나 많이 널려 있는 상황에서는 내가 동일한 원재료를 다시 찍어내기보다는 기존에 있는 것을 활용하는 것이 사회적 차원에서 더 비용 효율적이라고 봐야 한다. 얽혀있는 문제는 풀어야 할 것이지, 그래서 장 못 담근다고 이야기하면 안 된다. 그렇다면 이런 큐레이션 능력을 키우기 위해서는 어떻게 해야 할 것인가?

다양한 정보를 자신만의 관점에 맞게 재배치할 수 있어야 한다

일단 접근 가능한 정보의 양을 늘려야 한다. 큐레이션의 핵심은 기존 정보들의 단순한 나열로는 해결되지 못하는 새로운 관점을 갖는 것인데, 관점이라는 것이 난데 없이 생기지 않는다. 많이 보고, 생각하고, 느끼는 것이 중요하다. 따라서 기존에 존재하는 다양한 정보들을 먼저 많이 접해야만 한다. 정보를 접하는 과정에서 가장 중요한 것은 편식하지 않는 것이다. 사람마다 편한 미디어가 있다. 받아들이기 수월한 내용들이 있다. 이런 것만 찾게 되면 편향된 정보밖에 얻을 수 없다. 아무리 인터넷이 훌륭한 미디어이고 다양한 정보들이 저장된 창고라고 할지라도 인터넷에 편중된 정보 찾기는 제한점을 가질 수밖에 없다. 책을 비롯한 기존의 전통적 미디어에도 관심을 가져야 하며, 특히 다른 누군가의 탁월한 관찰의 결과들을 볼 수 있는 기회를 많이 가져야 한다. 즉, 다양한 영역에 열린 마음을 갖고 있어야 하며 쉽게 흘리는 것들이 없어야 한다.

다음으로 어떤 방향으로 관심이 생긴 정보가 있을 경우 전반적인 영역을 꼼꼼하게 관찰해야 한다. 예를 들어 자동차와 관련된 큐레이션을 한다고 해보자. 그렇다면 자동차 중에서도 어떤 영역을 선택해야 할 것이다. 튜닝이라든지, 중고차, 아니면 신차 소개 등 전반적 영역 안에서 특정 분야를 선택해야 할 것이다. 그 안에서 기존의 정보들과는 다른 자신만의 색깔과 관점을 집어넣으려면 그 분야가 어떻게 돌아가고 있는지 꼼꼼히 살펴보아야 할 것이다. 자동차 중 신차 소개 영역을 본다고 한다면 단순히 새로 나오는 차들의 정보를 받아다가 리뷰하는 것이 아니라 연비와 세금 등을 고려한 가성비 중심의 성능을 살펴보거나, 외국에서 판매되는 한국자동차 브랜드의 신차 동향 등 기존에 사용자들이 쉽사리 접하지 못했던 내용들을 관찰하여 발굴할 수 있어야 한다. 관찰은 비단 콘텐츠에만 적용되는 내용은 아니며, 현재 사용자들이 어떤 정보를 원하고 있는지 사용자들의 패턴 또한 관찰이 필요하다. 아무리 그럴싸한 큐레이션을 하고 있다 하더라도 사용자들의 관심을 받지 못하고 외면당한다면 의미 있는 작업이었다고 볼 수 없다. 특히 일반적인 창작 작업이었다면 그 자체로도 최소한의 의미를 가질 수 있지만, 기존에 존재하는 자료들을 조합하여 큐레이션이라는 2차 창작물을 만들었는데 반응이 무심하다면 이것은 생각해보아야 한다. 어쩌면 그런 관점은 애당초 필요하지 않았던 것일지도 모르기 때문이다. 따라서 큐레이션을 하기 위해서는 재생산하고자 하는 콘텐츠와 관련된 영역들의 정보들을 꼼꼼히 살펴보아야 하며, 그 안에서 새로운 생명을 부여할 수 있는 정보들을 찾아내야 한다. 또한 그것이 사용자들의 관심 영역에 들어갈 수 있는 것인지를 확인하는 작업도 필수적이다.

다시 만들어낸 정보를 다른 사람이 보기 좋게 제공해야 한다

마지막으로 멀티미디어와 스토리를 잘 활용할 수 있어야 한다. 큐레이션은 제작자의 관점에 의해 녹여진 콘텐츠가 핵심이다. 이러한 관점은 사람들을 흡인하는 역할을 할 수 있어야 하기 때문에 나름대로의 논리와 스토리라인을 가진 내용이어야 한다. 또한 그것을 표현하기 위해 단순히 글로 적는 것이 아니라 사진, 그림, 혹은 동영상 등 다양한 멀티미디어를 활용해야 한다. 주로 디지털로 된 정보들에서 큐레이션이 이루어지는 만큼 멀티미디어를 활용할 수 있는 능력은 반드시 요구된다.

〈빈 공간에 어떤 콘텐츠를 걸어 둘 것인가?〉

에필로그

인터넷의 약자 *i*가
소문자에서 대문자로 바뀌다

'*i*'가 'I'로 바뀌었다

　인터넷을 활용한 서비스의 이름을 지을 때 흔히 앞에 소문자 i를 붙인다. Internet이란 단어에서 온 맨 앞 글자 'I'에서 따오는 것이다. 그런데 재미있는 것은 보통 약자로 쓰기 위해 맨 앞 글자를 따올 때는 대문자를 쓰기 마련인데 인터넷을 줄여 쓸 때는 유독 소문자 i를 사용해 왔다. 인터넷에서 사용되는 주민등록번호의 대체 수단이었던 아이핀도 영어로 쓰면 *i*-Pin이라고 쓰며, 각종 기업에서 인터넷 관련 계열사나 서비스를 만들 경우에도 해당 이름 앞에 소문자 i를 사용하여 고유명사화한다. 따라서 보통 사람들의 일반적인 인식 아래 인터넷의 약자는 소문자 i이고, 소문자 i를 보면 자연스럽게 인터넷을 연상하게 된다.

　그런데 최근 회자되는 사물인터넷은 약자를 쓸 때 IoT라고 쓴다. 맨 앞의 I가 인터넷을 의미하는 것임에도 불구하고 소문자 i가 아닌 대문자 I를 사용하고 있는 것이다. 물론 인터넷의 i는 하나의 단어에서 따온 약자이고, IoT는 단어의 조합을 줄인 표현이긴 하지만 인터넷의 상징과 같았던 소문자 i를 사용하지 않는다는 것은 주목해 볼 필요가 있다. 어쩌면 앞으로 사물인터넷이란 단어가 하나의 용어로 정착되면, 고전적 의미의 인터넷과 사물인터넷의 차이를 구분하는 방법으로 이러한 소문자와 대문자의 차이를 보진 않을까 조심스럽게 예상해보기도 한다. 소문자 i와 대문자 I의 차이의 문제를 언급한 이유는, 아주 작은 것처럼 보이는 이 변화가 앞으로 관심을 가져야 할 문제가 무엇인지 대변할 수도 있겠기 때문이다.

'*i*'가 'I'로 성장했다

i가 I로 변하게 되면서 우선 생각해 볼 것은 '성장'이다. 그동안 겪었던 다양한 사건들을 통해 현대 사회에서의 인터넷이 미치는 영향력은 지속적으로 성장해오고 있다. 인터넷이 적용되었다는 것을 표현하기 위해 다른 용어들 앞에 덧씌우듯 했던 *i* 라는 약어가 이제는 그 자체로 하나의 산업을 의미하고, 더 큰 변화의 키워드로 꼽힐 만큼 영향력이 부쩍 커진 것이다. 더 이상 어떤 다른 산업이나 서비스가 있고, 그것을 좀더 편리하게 만들기 위해 인터넷을 가져다 쓰는 것이 아니라 인터넷이 중심이 되는 서비스들이 등장하고, 인터넷 그 자체가 인간 삶의 환경에 핏줄이 되는 주객전도(主客顚倒)의 사회가 오고 있는 것이다.

'*i*'가 'I'로 의미가 변했다

i에서 I로 가면서 생각해 보아야 할 또 다른 문제는 대문자 I를 Internet의 약자가 아닌 '나'라는 존재를 의미하는 I로 보아야 하지 않을까 하는 것이다. 부모, 선생, 선배 등 다른 누군가가 전해주는 정보

가 중요하던 때가 있었다. 정보원이 제한적이라 다양한 이야기를 들을 수 있는 기회가 없었기 때문에, 소수의 측근들의 의견이 절대적이었던 것이다. 하지만 이제 세상이 완벽하게 달라졌다. 쉴 새 없이 쏟아지는 수많은 정보들을 처리하는 것이 중요한 문제로 자리매김했다. 정보가 없어서 하지 못하는 것이 아니라 정보가 너무 넘쳐서 의미 있는 메시지들을 잡아내는 것이 힘든 상황이 되었다. 이제 중요한 것은 정보원이 아니다. 이미 널려 있는 수많은 정보들 중에서 나에게 맞는 내용이 무엇인지 찾아내고 걸러내는 능력이 필요한 것이다. 이러한 능력을 갖추기 위해서는 '나'를 잘 알아야 한다. 내가 어떤 사람인지, 나에게 필요한 것이 무엇인지 제대로 깨달아야 한다. 관심의 초점을 나에게 맞추어 나의 관점과 필요를 중심으로 정보를 재편성할 수 있어야 한다.

인터넷이 만들어낸 커뮤니케이션의 위기를 돌파하기 위해 필요하다고 제시한 다섯 가지 기술은 '나'에 대한 인식을 기반으로 한 메시지 생산의 방법이다. 평범한 방법이라고 생각할지도 모르지만, 실천하지 못해 어려운 기술이라는 것을 인정했으면 한다. 미디어와 인간 사이를 잇고 또 연결하는 종합적인 미디어 커뮤니케이션 환경에 대한 충분한 관심, 한번도 생각해본 적이 없는 상황에 대한 이해, 그리고 인식에 대한 고민이 필요한 것이다.

변화를 선한 결론으로 이끌어내자

계속해서 새로운 환경의 변화는 발생하고 있고, 인간은 또 적응해 갈 것이다. 발전된 기술과 새로운 변화가 가져올 수 있는 가능성에 대한 기대감도 늘어 갈 것이다. 하지만 기술에 대한 과신과 과장에서 오는 오해는 없었으면 좋겠다. 당장 사물인터넷에 대해서도 내가 아무런 신경을 쓰지 않아도 어떤 중요한 정보들이 나를 알아서 찾아와줄 것만 같은 멋진 신세계, 하지만 너무 기술 중심적이라 내가 알만한 내용은 아닌 것과 같은 빛깔 좋은 남의 이야기로 포장해서는 안 될 것이다. 온 몸으로 느끼고 부딪혀야 하는 내 앞의 문제로서, 그 영향력에 대해 치열하게 고민하고 수용하는 것이 인간이 서로 함께 성장해 갈 수 있으며, 미디어의 편향과 왜곡에 휘둘리지 않는 방법이 될 것이다. 미디어를 과신하지도, 불신하지도 말자. 이제 미디어는 인간이 커뮤니케이션의 도구가 아니라 대상, 종이 아니라 친구로서 함께 품고 가야 할 가장 친밀하고 끈끈하게 얽힌 동료가 되어줄 수 있을 것이다.

역사로 보는 커뮤니케이션의 미래

미디어와
대화하라

초판 1쇄 2016년 01월 04일

지은이	임상훈
발행인	김재홍
디자인	박상아, 이슬기
교정·교열	김현경
마케팅	이연실

발행처	도서출판 지식공감
등록번호	제396-2012-000018호
주소	경기도 고양시 일산동구 견달산로225번길 112
전화	02-3141-2700
팩스	02-322-3089
홈페이지	www.bookdaum.com

가격	15,000원
ISBN	979-11-5622-139-5 13320

CIP제어번호	CIP2015035090
	이 도서의 국립중앙도서관 출판도서목록(CIP)은 서지정보유통지원시스템 홈페이지 (http://seoji.nl.go.kr)와 국가자료공동목록시스템(http://www.nl.go.kr/kolisnet)에서 이용하실 수 있습니다.

ⓒ **임상훈** 2016, Printed in Korea.

- 이 책은 저작권법에 따라 보호받는 저작물이므로 무단전재와 무단복제를 금지하며, 이 책 내용의 전부 또는 일부를 이용하려면 반드시 저작권자와 도서출판 지식공감의 서면 동의를 받아야 합니다.
- 파본이나 잘못된 책은 구입처에서 교환해 드립니다.
- '지식공감 지식기부실천' 도서출판 지식공감은 창립일로부터 모든 발행 도서의 2%를 '지식기부 실천'으로 조성하여 전국 중·고등학교 도서관에 기부를 실천합니다. 도서출판 지식공감의 모든 발행 도서는 2%의 기부실천을 계속할 것입니다.